Sabine Falter

Benoten und beurteilen

in der Sekundarstufe

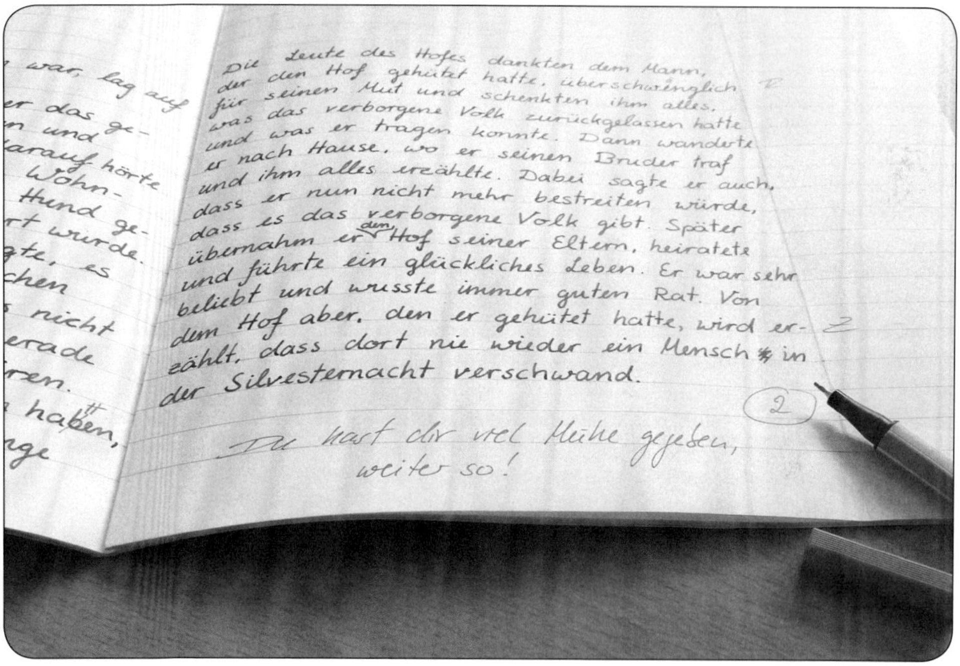

Strategien und Tipps für faires und transparentes Bewerten

Verlag an der Ruhr

Titel
Benoten und beurteilen in der Sekundarstufe
Strategien und Tipps für faires und transparentes Bewerten

Autorin
Sabine Falter

Druck
AZ Druck und Datentechnik GmbH, Kempten, DE

Verlag an der Ruhr
Mülheim an der Ruhr
www.verlagruhr.de

Geeignet für die Klassen 5–13

ISBN 978-3-8346-3536-5

Vorwort ... 6

1 Allgemeines zum Benoten und Beurteilen ... 9

Merkmale der schulischen Leistungsbewertung ... 10
Wichtigste Grundlage der Notenfindung: Ihr Notenbuch ... 18
Einige grundsätzlich zu beachtende Aspekte bei der Leistungsbewertung ... 20

2 Bewertung von Klassenarbeiten und ähnlich gewichteten Prüfungen ... 21

Alles rund um Klassenarbeiten ... 22
Grundsätzliches zur Planung einer Klassenarbeit ... 23
Leistungserwartungen ... 26
Grundsätzliches zur Durchführung einer Klassenarbeit ... 27
Grundsätzliches zur Korrektur einer Klassenarbeit ... 29
Bewertungsstrategien ... 31
Die Korrekturzeichen ... 36
Der Notenschlüssel ... 38
Die Notenbegründung ... 42

Mündliche Prüfung als Ersatz für eine Klassenarbeit ... 48
Leistungserwartungen ... 49
Bewertungsstrategien ... 51
Organisation einer mündlichen Prüfung ... 53

Besonderheiten bei Lernstandserhebungen und Zentralen Prüfungen ... 57
Lernstandserhebungen der Klasse 8 ... 57
Zentrale Prüfungen der Klasse 10 ... 58
Bewertungsstrategien für Lernstandserhebungen und Zentrale Prüfungen ... 60

3 Bewertung von Sonstigen Leistungen im Unterricht ... 63

Was sind „Sonstige Leistungen im Unterricht"? ... 64

Mündliche Beiträge zum Unterricht ... 68
Bewertung der Beteiligung am Unterrichtsgespräch ... 68
Leistungserwartungen ... 68
Bewertungsstrategien ... 72

Bewertung von Referaten 76
Leistungserwartungen *76*
Bewertungsstrategien *82*

Schriftliche Beiträge zum Unterricht 89
Bewertung von Heften und Mappen 89
Leistungserwartungen *89*
Bewertungsstrategien *93*

Schriftliche oder mündliche Kontrollen 97
Bewertung von Hausaufgaben – mal erlaubt, mal verboten 97
Leistungserwartungen *98*
Bewertungsstrategien *100*
Bewertung von schriftlichen Hausaufgabenüberprüfungen *102*
Bewertung von Lernzielkontrollen/Tests 104
Leistungserwartungen *106*
Bewertungsstrategien *106*
Korrekturfreundliche Aufgabentypen für Tests und Lernzielkontrollen ... *107*

Methoden des offenen Unterrichts 111
Bewertung von eigenverantwortlichem Arbeiten (EVA) 112
Leistungserwartungen *114*
Bewertungsstrategien *118*
Bewertung von Lesetagebüchern und Portfolios 123
Leistungserwartungen *124*
Bewertungsstrategien *127*
Bewertung von Stationenlernen und Wochenplanarbeit 130
Leistungserwartungen *131*
Bewertungsstrategien *132*
Bewertung von Freiarbeit 133
Leistungserwartungen *134*
Bewertungsstrategien *134*

4 Praktische Hilfe für besondere Fälle 137

Bewertung kreativer Arbeiten der Schüler 138
Kreativität bewerten – nur im „klassisch“ kreativen Unterricht? 138
Leistungserwartungen und Bewertungsmöglichkeiten 139

Schüler bewerten sich selbst 141
Was bedeutet „Selbstbewertung" der Schüler? 141
Selbstbewertungsmöglichkeiten 142

Schüler bewerten Schüler: Schüler-Mitbewertungen 146
Was bringt die Schüler-Mitbewertung? 146
Mitbewertungsmöglichkeiten 146

Schüler bewerten Lehrer und Unterricht 149
Ein heißes Thema? 149
Bewertungsmöglichkeiten 150

Kopfnoten 153
Was sind Kopfnoten und wo gibt es sie noch? 153
Bewertungsmöglichkeiten 153

Medientipps 157

Liebe Kollegen[1],

neben dem klassischen Unterrichten bringt der Lehrerberuf zahlreiche weitere Aufgaben mit sich und wir alle beobachten, dass sogar ständig neue hinzukommen. **Eine der wichtigsten und schwierigsten Herausforderungen** ist und bleibt dabei aber nach wie vor das **Bewerten der Schülerleistungen**.

Während die Leistungsmessung früher ihren Fokus sehr auf schriftliches oder mündliches Abfragen von reinem Sach- und Fachwissen legte, hat sich dies in den letzten Jahrzehnten stark gewandelt: Heutzutage gibt es eine **große Bandbreite vielschichtiger Kompetenzerwartungen** und es gilt, **Leistungen in verschiedensten Formen und Situationen** zu beurteilen. So werden inzwischen auch Noten bspw. für das selbstständige Arbeiten, das Sozialverhalten in Gruppenarbeitsphasen, den Umgang mit verschiedenen Medien oder das Präsentieren von Arbeitsergebnissen vergeben. Um all diese unterschiedlichen Schülerleistungen beurteilen zu können, brauchen wir Lehrer immer mehr Zeit zum **gezielten Beobachten, Analysieren und Bewerten**. Doch dies lässt sich immer schwerer mit der üblichen Unterrichtsgestaltung vereinbaren, denn viele der Reformen und Umstrukturierungen der letzten Jahre haben in den Schulen eher für Unruhe und **gesteigerten Zeit- und Leistungsdruck** gesorgt. So z. B. die Umwandlung von G9 auf G8, die – auch wenn diese Entscheidung z. T. schon wieder rückgängig gemacht wurde – in der **Sekundarstufe** bundeslandübergreifend für Wirbel und straffere Zeit- und Stoffverteilungspläne gesorgt hat, obwohl die Lehrpläne ausgedünnt wurden oder noch werden sollen.

Damit Sie dennoch den Anforderungen an eine **fundierte, gerechte und transparente Bewertung** gerecht werden können, möchte Ihnen der vorliegende Ratgeber mit **praktischen Tipps** und **hilfreichen Strategien** zum Benoten und Beurteilen unter die Arme greifen. Dazu finden Sie in Kapitel 1 zunächst einige allgemeine Hinweise, bevor Kapitel 2 und 3 im Detail auf **die gängigsten zu bewertenden Schülerleistungen** eingehen. Dazu gehören neben den „klassischen" Klassenarbeiten auch ähnlich gewichtete Prüfungsleistungen und besondere Lernstandserhebungen oder Zentrale Prüfungen ebenso wie all die „Sonstigen Leistungen im Unterricht", zu denen z. B. die mündliche Beteiligung, Referate, Heft- und Mappenführung oder auch die Leistungen innerhalb offener Unterrichtsformen zählen. Dabei erhalten Sie sowohl nähere Informationen zu den anzusetzenden **Leistungserwartungen** als auch Vorschläge für hilfreiche **Bewertungsstrategien.** Gleichzeitig erfahren Sie, was

[1] Aus Gründen der besseren Lesbarkeit haben wir in diesem Buch durchgehend die männliche Form verwendet. Natürlich sind damit auch immer Frauen und Mädchen gemeint, also Lehrerinnen, Schülerinnen etc.

Sie vermeiden sollten und wo Untiefen und Schwierigkeiten im „Bewertungsdschungel" auf Sie lauern. Extra hervorgehoben sind **praxiserprobte Tipps**, außerdem finden Sie neben **praktischen Arbeitshilfen** (als Kopiervorlagen zum Vergrößern auf DIN A4) auch zahlreiche Beispiele bzw. **Vorschläge für Kriterienkataloge zur Bewertung sowie Bewertungsbögen**. Darüber hinaus sind immer wieder auch **Auszüge aus den Schulgesetzen und Kernlehrplänen** enthalten, um das Ganze rechtlich einzuordnen. Bitte beachten Sie hierbei, dass in der Regel nur die Rechtsgrundlage eines Bundeslandes exemplarisch dargestellt werden kann – alles andere würde den Rahmen dieses Buches sprengen. Wo es nötig ist, sich über die speziellen Regelungen in Ihrer Fachschaft, an Ihrer Schule bzw. in Ihrem Bundesland zu informieren, erhalten Sie einen entsprechenden Hinweis.
Am Ende des Buches bietet Kapitel 4 schließlich hilfreiche Informationen und Tipps auch für einige **Sonderfälle**, z. B. zum Thema Schüler-Mitbewertung oder in Sachen Kopfnoten.

Ziel des Buches ist es, Ihnen eine praktische Hilfe an die Hand zu geben, die beim Thema Benoten und Beurteilen für **Arbeitserleichterung** und **Zeitersparnis** sorgt und zugleich die **Transparenz, Fairness und Rechtssicherheit Ihrer Bewertung** sicherstellt, sodass Ihnen zukünftig lästige Diskussionen mit Schülern und Eltern über Ihre Notengebung erspart bleiben. Idealerweise erreichen Sie außerdem durch die frühzeitige Offenlegung Ihrer Bewertungskriterien (oder sogar die Einbeziehung der Klasse bei der Erarbeitung dieses Kriterienkatalogs), dass Ihre Schüler zielgerichteter Leistungen erbringen bzw. sich besser auf Prüfungen vorbereiten, sodass sich langfristig sogar die Noten verbessern. Dann macht die Notengebung auch gleich viel mehr Spaß – und zwar sowohl Ihnen als auch Ihren Schülern!

© stcom/Fotolia.com

1 Allgemeines zum Benoten und Beurteilen

Merkmale der schulischen Leistungsbewertung

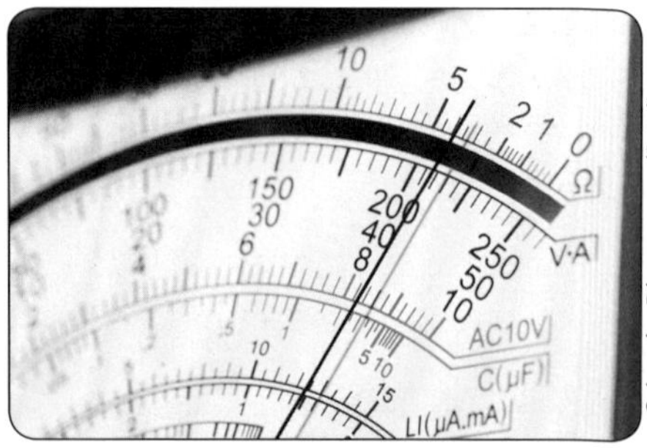

© janaka Dharmasena/Fotolia.com

Können Sie sich noch an den Themenbereich „Elektrizität“ während des Physikunterrichts erinnern? Dort wurde die elektrische **Leistung gemessen**. Mit der Einheit Watt wurde angegeben, wie viel Leistung in einer bestimmten Zeiteinheit aufgewendet wurde, um z. B. eine Glühbirne zum Leuchten zu bringen. Klar und eindeutig stand im Physikunterricht dann eine Zahl auf dem Papier und Sie wussten, dass diese Zahl das Ergebnis einer nachvollziehbaren Rechnung war, die sich auf einen wiederholbaren Versuch unter immer gleichen Bedingungen mit immer gleichen Einflussfaktoren bezog.

Mit der **Notengebung im Schulunterricht** scheint es auf den ersten Blick ähnlich zu sein. Auch hier steht am Ende ein Ergebnis fest, es steht eine Zahl auf dem Papier, egal ob dies Ihr Notenbuch, eine Klassenarbeit oder ein Zeugnisbogen ist. Doch schon allein hinter diesem als Ziffer notierten Ergebnis verbirgt sich ein **gravierender Unterschied zu dem Ergebnis eines physikalischen Experiments**: Diese Zahl gibt zwar auch die Bewertung einer erbrachten Leistung wieder, nämlich der des betreffenden Schülers, ist aber kein mathematisches Resultat einer logischen Rechnung, sondern entspringt einem vom Gesetzgeber in den einzelnen Bundesländern genau definierten und festgelegten Notenraster. Die folgende **Definition der schulischen Notenstufen** finden Sie so oder ähnlich formuliert in allen Bundesländern:

Schulgesetz für das Land Nordrhein-Westfalen
(Schulgesetz NRW – SchulG)

vom 15. Februar 2005
zuletzt geändert durch Gesetz vom 14. Juni 2016[2]

§ 48 Grundsätze der Leistungsbewertung

(3) Bei der Bewertung der Leistungen werden folgende Notenstufen zugrunde gelegt:

---

[2] Quelle: Ministerium für Schule und Weiterbildung des Landes Nordrhein-Westfalen, *www.schulministerium.nrw.de/docs/Recht/Schulrecht/Schulgesetz/*

1. <u>sehr gut (1)</u>
Die Note „sehr gut" soll erteilt werden, wenn die Leistung den Anforderungen im besonderen Maße entspricht.

2. <u>gut (2)</u>
Die Note „gut" soll erteilt werden, wenn die Leistung den Anforderungen voll entspricht.

3. <u>befriedigend (3)</u>
Die Note „befriedigend" soll erteilt werden, wenn die Leistung im Allgemeinen den Anforderungen entspricht.

4. <u>ausreichend (4)</u>
Die Note „ausreichend" soll erteilt werden, wenn die Leistung zwar Mängel aufweist, aber im Ganzen den Anforderungen noch entspricht.

5. <u>mangelhaft (5)</u>
Die Note „mangelhaft" soll erteilt werden, wenn die Leistung den Anforderungen nicht entspricht, jedoch erkennen lässt, dass die notwendigen Grundkenntnisse vorhanden sind und die Mängel in absehbarer Zeit behoben werden können.

6. <u>ungenügend (6)</u>
Die Note „ungenügend" soll erteilt werden, wenn die Leistung den Anforderungen nicht entspricht und selbst die Grundkenntnisse so lückenhaft sind, dass die Mängel in absehbarer Zeit nicht behoben werden können.

Das Gesetz gibt uns also Definitionen für das Endergebnis vor – eine klare Formel, wie wir dorthin gelangen, oder gar ein Messinstrument gibt es indes nicht. Eine Schülerleistung kann also nicht wie in der Physik einfach gemessen und berechnet werden – stattdessen ist der Weg zur endgültigen Beurteilung häufig sehr schwierig und es müssen viele verschiedene Faktoren berücksichtigt werden, bis die Note auf dem Papier steht.

Genau diese **Vielzahl von Einflussfaktoren** macht das Benoten und Beurteilen in der Schule so schwer. Die Aspekte, die die Note beeinflussen, sind außerdem **äußerst vielfältig** – einige sind sachlich, objektiv und klar definiert, andere wiederum sind persönlich, manchmal subjektiv, schwer greifbar und nicht messbar. Dabei gibt es zum einen Kriterien, die der Lehrer anlegt und bei der Bewertung jedes einzelnen Schülers in der Klasse berücksichtigen muss, zum anderen gibt es aber auch Faktoren, die vom Lehrer ausgeschaltet werden und unberücksichtigt bleiben, oft bleiben müssen.

Hinzu kommen schließlich bestimmte **Anforderungen**, die an die Beurteilung durch den Lehrer gestellt werden und denen dieser gerecht werden muss: Die Schüler und Eltern, aber auch die Kollegen und die Schulleitung, der Gesetzgeber und nicht zuletzt auch die Gesellschaft verlangen, dass die Leistungsbewertung in der Schule stets **nachvollziehbar** sowie beliebig **wiederholbar** ist, indem sie sich an den **immer gleichen Kriterien** orientiert.
Um diesen Anforderungen gerecht zu werden, sollte Ihre Bewertung stets die folgenden wichtigen **Merkmale** aufweisen:

Eine gute Leistungsbewertung ist ...
- **objektiv, transparent** und **fair**
- **fachspezifisch, inhaltsspezifisch, lernziel- und kompetenzorientiert**
- **konstant** und **zuverlässig**
- individuell auf den einzelnen Schüler bezogen und dabei geschlechts- und **sympathieunabhängig**
- **flexibel** an neue Unterrichtsmethoden, Kompetenzen oder Lerninhalte anpassbar

Logischerweise stellt sich nun die Frage: Was genau ist mit Objektivität, Transparenz, Fairness, Lernzielorientierung usw. gemeint und welche Bedeutung haben diese Merkmale in der schulischen Leistungsbewertung? Dazu sollen die einzelnen Aspekte in der folgenden Tabelle genauer betrachtet und für die Praxis greifbarer gemacht werden.

Bewertungsmerkmal	Definition – Was ist gemeint?	Bedeutung für die Praxis
objektiv	Alle Lehrer müssen für die Bewertung derselben Leistung einheitliche Kriterien zugrunde legen und damit zum selben Ergebnis kommen.	Stellen Sie sich vor, Sie würden die letzte Biologiearbeit nicht nur selbst korrigieren, sondern eine Kopie der Arbeiten an Ihren Fachkollegen geben, der sie parallel bewertet. Gibt es einen festgelegten Erwartungshorizont und klare Bewertungskriterien, über die Sie sich vorher verständigt haben, und legen Sie diese bei Ihrer Beurteilung ganz objektiv zugrunde, sollten Sie und der Kollege jeweils zum selben Ergebnis kommen. Diese Objektivität ist wünschenswert – realistisch betrachtet aber kaum zu erreichen, da durch persönliche Prioritäten, Vorlieben oder Abneigungen etc. zu viele

		individuelle Faktoren die Bewertung der Schülerleistungen beeinflussen. Um dennoch ein hohes Maß an Objektivität zu erhalten, sollten Sie also die Bewertungskriterien vorab so klar wie möglich definieren und bei deren Umsetzung bewusst versuchen, Ihre persönliche Subjektivität auszuschalten. So gewährleisten Sie eine Vergleichbarkeit Ihrer Beurteilung mit der Ihrer Kollegen.
transparent	Ihr Erwartungshorizont und Ihre Bewertungskriterien sollten gegenüber den Schülern (Eltern, Kollegen) stets offengelegt werden, um für Nachvollziehbarkeit Ihrer Bewertung zu sorgen.	Transparenz wirkt bei den Schülern dem Gefühl des Ungerecht-behandelt-Werdens entgegen. Wenn von vornherein klar ist, was Sie verlangen und auf welche Kriterien Sie bei der Benotung schauen, wissen die Schüler, woran sie sind, und verstehen ihre Noten besser. Wenn Sie bspw. vor dem Einsammeln des Physikheftes klar kommuniziert haben, was Sie bewerten möchten, werden die Schüler schnell nachvollziehen können, warum z. B. der Nachbar eine bessere Note bekommen hat, wenn Sie einmal die Hefte austauschen und auf die Unterschiede achten.
fair	Die Bewertungskriterien müssen auf alle Schüler gleichermaßen angewandt werden. Aber: Wenn besondere Umstände vorliegen, wie z. B. bei Unfall/Todesfall, Krankheit, Umzug o. Ä., haben Sie einen pädagogischen Spielraum.	Grundsätzlich gilt: „Gleiche Leistung = gleiche Bewertung". Erfüllt ein Schüler also im selben Maße die Erwartungen wie sein Mitschüler, müssen beide dieselbe Note bekommen. Und darauf muss sich jeder Schüler verlassen können. Davon abweichen können Sie nur unter ganz besondere Umständen, z. B. in folgendem Fall: Sam lebt allein mit seiner Mutter. Sie erkrankt an Krebs und muss sich einer mehrmonatigen Therapie unterziehen. Die schwierige Situation belastet Sam; er beteiligt sich seltener am Unterricht und auch die Klassenarbeiten fallen schlecht aus. Allerdings wissen Sie, dass die Heilungschancen der Mutter gut sind und Sam nach Ende der

		Therapie sehr wahrscheinlich wieder so gute Leistungen bringt wie vor der Erkrankung seiner Mutter. Solche besonderen Fälle gestatten Ihnen auch besondere Leistungsbewertungen, die bis zu einer Versetzung aus pädagogischen Gründen gehen können.
fachspezifisch	Auch wenn Sie mehrere Fächer in einer Klasse unterrichten, muss Ihre Bewertung klar auf ein Fach begrenzt sein.	Nur weil Leon im Religionsunterricht immer sehr gut mitarbeitet und sich rege an Unterrichtsgesprächen beteiligt, darf Sie das nicht darüber hinwegtäuschen, dass er in Deutsch sehr zurückhaltend ist und sich kaum einbringt. Seien Sie sich der Gefahr der Überschneidung der Bewertungen bewusst und hinterfragen Sie Ihre Beurteilung dahin gehend regelmäßig.
inhalts-spezifisch	Die einzelne Bewertung muss sich immer konkret auf einen klar definierten Lerninhalt beziehen.	Lassen Sie sich nicht zu pauschalen Bewertungen hinreißen, sondern vergeben Sie für jeden einzelnen Lerninhalt einzelne Noten. Wenn Sie bspw. eine Unterrichtsreihe zum Thema „Wortarten erkennen und sicher anwenden" durchgeführt haben, dann erhält jeder Schüler dafür eine Einzelnote und bei der nächsten Reihe – beim nächsten Lerninhalt – wird wieder neu bewertet. So haben Sie am Ende des Schuljahres eine klar dokumentierte Grundlage aus inhaltsspezifischen Einzelnoten, die Ihnen als Basis für Ihre Gesamtbewertung dient und dabei verhindert, dass Ihre Eindrücke von einem Schüler verschwimmen (z. B. weil er bei den letzten beiden Inhalten sehr schwach war und Sie rückblickend das Gefühl haben, das ganze Halbjahr war schwach).
lernziel-orientiert	Ihre Leistungserwartungen und damit Ihre Bewertungen müssen sich stets an den in den fachspezifischen Lehrplänen vorgegebenen Lernzielen orientieren.	Wenn Sie bspw. die Schüler ein Gedicht in einen erzählenden Text, genauer: ein Märchen, umwandeln lassen, dann wird damit das Lernziel überprüft, ob die Schüler die Merkmale eines Märchens kennen und dieses Fachwissen umsetzen können. Wenn nun z. B. Lea zwar keinen besonders spannenden Text geschrieben hat, dieser aber alle

	Diese bilden die Grundlage jeglicher Bewertung.	Merkmale eines Märchens enthält, dann muss auch die Bewertung entsprechend gut ausfallen, denn das geforderte Lernziel ist erreicht.
kompetenz-orientiert	Die Lehrpläne sind mittlerweile stark kompetenzorientiert – da Ihre Leistungserwartungen auf den Lehrplänen basieren, muss auch Ihre Bewertung sich an den Kompetenzen der Schüler orientieren.	Richten Sie Ihren Blick stets darauf, welche Kompetenzen Ihre Schüler bereits erlernt haben, wie sicher sie die erlernten Kenntnisse und Fähigkeiten schon anwenden können und wo es noch Defizite gibt. Der Zuwachs an Kompetenzen und die Sicherheit in deren Anwendung ist der Maßstab für Ihre Bewertung.
konstant	Ihre Bewertung muss am Anfang des Schuljahres denselben Kriterien unterliegen wie am Ende.	Die Schüler müssen sich darauf verlassen können, dass ihre Leistungen immer gleich bewertet werden, egal ob dies am Anfang des Schuljahres oder am Ende ist. Wenn bspw. Amira im ersten Halbjahr auf Ihre Mappenführung eine 3 bekommen hat und sie für das zweite Halbjahr die von Ihnen bemängelten Punkte verbessert hat, sollte die Note nun besser ausfallen, denn Sie müssen dieselben Kriterien für die Mappenführung anlegen wie im ersten Halbjahr und dürfen nicht plötzlich mehr/etwas anderes verlangen.
zuverlässig	Jeder Schüler muss sich darauf verlassen können, dass die Bewertungskriterien nicht nur für ihn gelten, sondern für alle Schüler in seiner Lerngruppe.	Für jeden Schüler müssen dieselben Bewertungskriterien angelegt werden. Wenn Jan und Alexa ihre Tests vergleichen und dabei feststellen, dass sie auf eine Aufgabe trotz unterschiedlicher Formulierungen beide die volle Punktzahl erhalten haben, wissen sie, dass es für die Punktevergabe nicht (oder weniger) auf das Wie ankam, sondern auf das Was: Inhaltlich haben beide die gleiche, korrekte Antwort gegeben, deshalb erhalten sie dieselbe Punktzahl.
individuell	Jede Bewertung muss den persönlichen Lernzuwachs	Wenn Sie eine Schülerleistung bewerten, sollten Sie immer erklären können, wie sich diese in diesem individuellen Fall begründet

	des jeweiligen Schülers widerspiegeln und auch entsprechend erklärbar sein.	(ohne sich dabei von den Leistungen des Sitznachbarn oder der ganzen restlichen Lerngruppe ablenken zu lassen), um dem jeweiligen Schüler seinen ganz persönlichen Lernstand bzw. seinen Lernzuwachs bewusst machen zu können. Wenn bspw. Mia erfährt, dass sie in den „Sonstigen Leistungen" in Englisch nur noch schwach ausreichend bewertet wird, weil keine Erweiterung ihres Wortschatzes zu erkennen ist, ist für sie klar das Problem definiert und sie erhält dadurch die Möglichkeit, zielgerichtet daran zu arbeiten, indem sie wieder regelmäßiger Vokabeln lernt.
geschlechts-unabhängig	Die Leistungen müssen unabhängig vom Geschlecht des jeweiligen Schülers bewertet werden.	Lassen Sie sich nicht von allgemeinen Vorurteilen, wie „Jungen sind in Physik besser, Mädchen in Philosophie", leiten. Hinterfragen Sie Ihre Beurteilungen immer wieder kritisch, um nicht unbewusst bei eigentlich gleichwertiger Leistung im Naturwissenschaftsunterricht die Jungen besser zu bewerten oder in Kunst die Mädchen. Neben dem naturwissenschaftlichen und dem künstlerischen Bereich ist auch das Fach Sport anfällig für solche vorurteilsbeeinflussten Bewertungen. Machen Sie sich dies immer wieder bewusst und hinterfragen Sie Ihre Beurteilungen kritisch!
sympathie-unabhängig	Ihre Leistungsbewertung muss stets unabhängig von Ihrer Sympathie gegenüber einzelnen Schülern vorgenommen werden.	Lassen Sie sich bei Ihrer Beurteilung nicht von persönlichen Gefühlen leiten – wenn zwei Schüler dieselbe Leistung erbringen, müssen Sie auch dieselbe Bewertung erhalten, auch wenn ihnen einer der beiden sympathischer ist als der andere. Wir alle kennen das: Gedanken wie „Der Sohn vom Neonazi kann kein guter Schüler sein!" schleichen sich schnell in den Hinterkopf – doch jeder Schüler hat ein Recht darauf, vorurteilsfrei und unabhängig von der Sympathie für ihn und seine Familie bewertet zu werden.

flexibel	Die Bewertungskriterien müssen auf neue Unterrichtsmethoden, Kompetenzen oder Lerninhalte erweitert bzw. angepasst werden können.	Lehrpläne werden ständig überarbeitet und lernpsychologische Erkenntnisse führen zu neuen Unterrichtsmethoden. Darauf müssen Sie auch bei der Definition Ihrer Leistungserwartungen und Bewertungskriterien Rücksicht nehmen und diese regelmäßig überprüfen und ggf. anpassen. So wird seit einigen Jahren bspw. vermehrt Wert auf kooperatives Lernen gelegt. Auf diese neue Lernsituation müssen Ihre Erwartungen und Kriterien bei der Beurteilung angepasst werden, um die damit neu geforderten bzw. mehr in den Vordergrund gerückten Kompetenzen zu berücksichtigen.

Wichtigste Grundlage der Notenfindung: Ihr Notenbuch

Ihr wichtigstes Werkzeug beim Bewerten und Beurteilen ist das sogenannte Notenbuch, in dem Sie alle Noten für jede Klasse und für jedes Fach fortlaufend übersichtlich sammeln, um Ihrer Dokumentationspflicht nachzukommen, immer auskunftsfähig zu sein und immer alles griffbereit zu haben. Vielleicht erinnern Sie sich noch an ein kleines rotes Buch, das Sie damals durch Ihre eigene Schulzeit begleitete? Mal wurde es mit Schrecken, mal mit Freude betrachtet, immer war es spannend, zu erfahren, welche Informationen dieses kleine rote Buch enthielt – das Notenbuch Ihres Lehrers. Dieses kleine rote Buch gibt es immer noch, denn es wird vom Sparkassen- und Giroverband kostenlos an die Schulen verteilt und nicht wenige Lehrer benutzen es auch heute noch. Allerdings haben sich die Anforderungen, die an die Leistungsbewertung in der Schule gestellt werden, inzwischen gewandelt, sodass das kleine Buch nicht mehr wirklich den Bedürfnissen der Lehrer gerecht wird. Aus diesem Grund sind viele Lehrer mittlerweile auf andere Notenbücher oder umfassende „Lehrerplaner" ausgewichen oder haben sich gar ein eigenes Notenbuch zusammengestellt, das genau zu ihnen, ihrer Arbeitsweise und ihren Bewertungsstrategien passt. Hier müssen Sie einfach einmal ausprobieren, was Ihnen am besten liegt, wofür Sie wie viel Platz benötigen etc.

Tipp aus der Praxis:

Schauen Sie sich die Notenbücher und Lehrerplaner der verschiedenen Verlage an und überlegen Sie, ob eines dieser Bücher Ihren Anforderungen entspricht. Eine gute Gelegenheit zu einer solchen **„Markterhebung"** ist die jährlich stattfindende **Fachmesse „didacta"**, die Anfang jeden Jahres an wechselnden Standorten in Deutschland (Hannover, Köln und Stuttgart) stattfindet. Hier haben Sie die Möglichkeit, die Notenbücher in die Hand zu nehmen, durchzublättern und schlichtweg genau unter die Lupe zu nehmen. So können Sie direkt vergleichen und entscheiden, was am besten zu Ihnen passt. Erst wenn Sie kein passendes Notenbuch finden, stellen Sie ein eigenes zusammen.

Welche Informationen Sie in Ihr Notenbuch aufnehmen, bleibt Ihnen überlassen. Je nach Umfang dieser Informationen ist allerdings die Größe (DIN A6 bis DIN A4) wichtig und außerdem hängt die Seitenzahl, die Sie für eine Klasse benötigen, davon ab. Durchschnittlich sollten Sie **für jede Klasse mindestens drei Doppelseiten einplanen**. Die erste Doppelseite benötigen Sie für die **Noten der mündlichen Mitarbeit**. Je nachdem, ob Sie diese wöchentlich oder nach jeder Unterrichtsstunde notieren, benötigen Sie ggf. auch etwas mehr Platz (vgl. „Bewertung der Beteiligung am Unterrichtsgespräch", S. 68). Auf der zweiten Doppelseite notieren Sie mit Datum die **vergessenen Materialien und fehlende Hausaufgaben** oder Unterschriften der Eltern. Benutzen Sie dabei unterschiedliche Kürzel, um zu wissen, was fehlte – z. B.:

I oder –	= fehlende bzw. nur teilweise vorhandene/ größtenteils falsche Hausaufgabe
M	= fehlendes Material (evtl. auch H = fehlendes Heft oder B = fehlendes Buch)
U	= fehlende Unterschrift

Tipps aus der Praxis:

- Nachdem Sie den Eltern von diesen Tatsachen berichtet haben, **streichen Sie die Kürzel** diagonal durch. So erkennen Sie, über welche fehlenden Hausaufgaben, Materialien oder Unterschriften die Eltern bereits informiert sind.
- Wenn Sie **einen Schüler** in die Klasse bekommen, von dem bekannt ist, dass er **sehr häufig unentschuldigt fehlt** oder die Eltern schon einmal Widerspruch gegen eine Note eingelegt haben, legen Sie unter der Klassenliste zwei Zeilen nur für diesen Schüler an. In der oberen Zeile notieren Sie das Datum, in der darunterliegenden Zeile die jeweilige Note mit einem Hinweis für unentschuldigtes Fehlen, die vergessenen Materialien oder fehlende Hausaufgaben. So haben Sie eine ausführliche Dokumentation mit Datum zur Hand, wenn Sie ein Verfahren wegen Verletzung der Schulpflicht einleiten wollen oder wieder auf einen Widerspruch der Eltern reagieren müssen.

Die dritte Doppelseite benötigen Sie, um die **Bewertungen aller anderen Leistungen** zu notieren, also Klassenarbeiten, Tests, Referate, Plakate, Gruppenarbeiten etc.

Tipp aus der Praxis:

Reservieren Sie sich im zweiten Halbjahr an einer übersichtlichen Stelle am Ende der Seite auch **zwei Spalten für die letzte Zeugnisnote und erteilte Monita**. Beides schreiben Sie zwecks schneller Auffindbarkeit in einer nur hier vorkommenden Farbe. Die Zeugnisnote ist wichtig, um zu erkennen, ob die Bewertung versetzungsgefährdend gewesen ist und damit bei den Monita nicht mehr berücksichtigt werden muss. Die Monitaspalte ist bei der abschließenden Zeugniskonferenz wichtig, denn dort brauchen Sie die Gewissheit, dass die Note angemahnt wurde und damit bei der Versetzung rechtswirksam zählt.

Einige grundsätzlich zu beachtende Aspekte bei der Leistungsbewertung

Denken Sie daran, dass die Leistung des Schülers im Mittelpunkt Ihrer Bewertung steht und Sie mit ihm stets **kommunizieren** müssen, um Ihre Bewertung zu erklären. Dies können Sie im Klassenverband machen, in Einzelgesprächen oder schriftlich als Kommentar zur Klassenarbeit. Das „Wie" ist Ihnen überlassen, aber Sie sind verpflichtet, auf Nachfrage der Schüler oder auch der Eltern jederzeit den **augenblicklichen Notenstand** mitzuteilen und diesen auch begründen zu können.

Tipp aus der Praxis:

Wenn die Frage nach dem augenblicklichen Leistungsstand kommt, erbitten Sie sich eine kurze Bedenkzeit, damit Sie eine fundierte und nachvollziehbare Bewertung abgeben können. Die Schüler haben Verständnis dafür, wenn Sie ankündigen: „Lass mich am Wochenende einmal in meinem Notenbuch nachschauen und alle Informationen zusammentragen, dann gebe ich dir in der nächsten Stunde Bescheid."

Machen Sie auch immer wieder deutlich, dass beim Schüler die Pflicht besteht, Leistung zu bringen – und zwar nicht nur durch die Teilnahme an Klassenarbeiten. Mit dieser **Bringschuld** ist er immer in einer aktiven Rolle. Gleichzeitig sind Sie wiederum verpflichtet, die mündlichen Leistungen eines Schülers durch bewusstes Drannehmen einzufordern, um sie bewerten zu können, um seine Kompetenzen bei bestimmten Methoden oder um seine Sachkenntnisse bei bestimmten Inhalten kontrollieren zu können. Sie haben also eine **Holpflicht**, um anhand von regelmäßig eingeholten Leistungen ein realistisches Notenbild erstellen zu können. Über diese Holpflicht müssen Sie auch im Falle eines **Widerspruchs** gegen eine von Ihnen vergebene Note Rechenschaft ablegen.

Tipp aus der Praxis:

Kennzeichnen Sie im Notenbuch die Tages- oder Wochennoten, für die Sie eine Schülerleistung ganz bewusst eingefordert haben, indem Sie z. B. den Schüler drannahmen, obwohl er sich nicht meldete. Wenn Sie mit der Antwort zufrieden waren, markieren Sie die Note im Notenbuch bspw. durch eine Unterstreichung. Wenn Sie mit der Antwort nicht einverstanden waren, weil sie falsch oder unvollständig war, markieren Sie die Note, indem Sie sie z. B. einkreisen. So können Sie auf einen Blick erkennen, wann Sie Ihrer Holpflicht nachgekommen sind und welchen Erfolg diese Aktion hatte.

2

Bewertung von Klassenarbeiten und ähnlich gewichteten Prüfungen

Alles rund um Klassenarbeiten

© Robert Kneschke/Fotolia.com

DER Klassiker, um festzustellen, wie kompetent die Schüler in den besprochenen Themenbereichen der letzten Wochen oder sogar der letzten Jahre geworden sind, ist die **schriftliche Abfrage** als Klassenarbeit[3] bzw. sogar als Prüfungsarbeit im Abitur oder in den Zentralen Abschlussprüfungen der Klasse 10, die mittlerweile in fast allen Bundesländern in verschiedenen Schulformen durchgeführt wird. In diesem Kapitel soll es zunächst ganz allgemein um die Planung und Durchführung sowie um die Korrektur und Bewertung einer Klassenarbeit gehen, bevor sich das folgende Kapitel mündlichen Ersatzleistungen und das übernächste den Besonderheiten bei Lernstandserhebungen und Zentralen Abschlussprüfungen widmet.

Klassenarbeiten sind immer schriftliche Prüfungen, die sich **auf eine gerade abgeschlossene Unterrichtseinheit beziehen** (wohingegen die schriftlichen Abschlussprüfungen den Unterrichtsstoff der letzten beiden Jahre zugrunde legen), in der alle Schüler gleichzeitig und unter Aufsicht, also **unter gleichen Bedingungen** und mit denselben Aufgaben geprüft werden. Sie werden in den sogenannten Hauptfächern, also Deutsch, Mathematik, den Fremdsprachen und – je nach Schulform – weiteren von den Schülern gewählten Pflichthauptfächern abgehalten.
In vielen Bundesländern ist es üblich, dass solch eine schriftliche Prüfung in Form einer Klassenarbeit auch **durch eine andere Form der Prüfung ersetzt** wird. Das kann eine mündliche Prüfung in den Fremdsprachen sein oder auch eine anders erarbeitete Prüfungsleistung, z. B. in Form einer Literaturmappe oder eines Lesetagebuchs (vgl. hierzu die Kapitel „Mündliche Prüfung als Ersatz für eine Klassenarbeit" ab S. 48 sowie „Bewertung von Referaten" und „Bewertung von Lesetagebüchern und Portfolios" ab S. 123).
Die Noten der Klassenarbeiten machen in der Regel einen nicht unerheblichen **Anteil an den Zeugnisnoten** aus. In vielen Bundesländern zählen die Ergebnisse der Klassenarbeiten zu 50 % in die Halbjahres- bzw. Schuljahresendnote. Diese Regelung finden Sie dann ausdrücklich in den Kernlehrplänen der einzelnen Fächer erwähnt.

---

[3] Der Begriff „Klassenarbeit" wird in Deutschland nicht einheitlich für eine große schriftliche Überprüfung verwendet. In Bayern spricht man z. B. von „Schulaufgabe" oder „Probe".

So ist z. B. im Kernlehrplan für das Fach Deutsch an der Realschule in Nordrhein-Westfalen (2005, S. 47) vermerkt: „‚Sonstige Leistungen' haben bei der Leistungsfeststellung den gleichen Stellenwert wie die ‚Schriftlichen Leistungen' in den Klassenarbeiten"[4], d. h., dass jeweils 50 % der Zeugnisnote aus den Ergebnissen der Klassenarbeiten und der Sonstigen Leistungen bestehen (zur Definition und Bewertung von „Sonstigen Leistungen" siehe Kapitel 3, ab S. 64). Damit erlangt die Bewertung von Klassenarbeiten besondere Bedeutung.

Ärgerlich ist es immer dann, wenn ein Schüler am Prüfungstag fehlt. In diesem Fall müssen Sie als Fachlehrer entscheiden, ob der Schüler den Leistungsnachweis nachholen kann. In den meisten Bundesländern ist die Entscheidung freigestellt, d. h., dass Sie einen **Nachschreibtermin** ansetzen können, dies aber nicht tun müssen. Erkundigen Sie sich für Ihren Fall bei den Fachschaften oder sehen Sie in den entsprechenden Schulgesetzen, -verordnungen und -erlassen nach, die in der Regel im Internet frei zugänglich sind.[5] Ist auch bei Ihnen freigestellt, ob Sie einen Nachschreibtermin ansetzen oder nicht, entscheiden Sie allein, ob die bisher gewonnene Notengrundlage ausreichend ist, um für den betroffenen Schüler eine Zeugnisnote zu vergeben. Sollten Sie Zweifel haben, lassen Sie besser nachschreiben.
Voraussetzungen für einen Nachschreibtermin sind allerdings:

- eine glaubwürdige Entschuldigung für das Fehlen am ursprünglichen Termin
- eine möglichst neu konzipierte Klassenarbeit, die gleich schwere Aufgaben wie die ursprüngliche Arbeit enthält (erkundigen Sie sich in der Fachschaft Ihrer Schule, welche Regelungen hierzu bei Ihnen vereinbart sind)

Grundsätzliches zur Planung einer Klassenarbeit

Die Planung einer Klassenarbeit ist nicht immer einfach. Es gilt, viele Faktoren zu berücksichtigen und vor allem die Lerngruppe genau zu beurteilen, denn Sie wollen eine Klassenarbeit haben, die die guten Schüler fordert und die gleichzeitig auch für die schwachen Schüler eine lösbare Aufgabe darstellt. Dies ist häufig eine nicht zu unterschätzende Herausforderung.

---

[4] Quelle: QUA-LiS NRW, *www.schulentwicklung.nrw.de/lehrplaene/lehrplannavigator-s-i/realschule/*

[5] siehe z. B. „Schulgesetz von NRW § 48 (4)" (vom 15. Februar 2005) oder für das Saarland: „Erlass betreffend Klassen- und Kursarbeiten, landeszentrale Vergleichsarbeiten sowie andere Lernerfolgskontrollen in schriftlichen und nicht schriftlichen Fächern der Klassenstufen 1 bis 10 der allgemein bildenden Schulen (Klassenarbeitenerlass)" (vom 6. August 2004), Abschnitt I: „Klassenarbeiten und Lernerfolgskontrollen"

Folgendes sollten Sie **bei der Planung einer Klassenarbeit beachten**:

- **Verteilen** Sie Ihre Klassenarbeiten über das gesamte Halbjahr und vermeiden Sie möglichst Kollisionen mit den anderen Kollegen – es dürfen **nie mehrere Arbeiten am selben Tag** geschrieben werden!
- Achten Sie auch darauf, dass es in den meisten Bundesländern Regeln gibt, die die **Anzahl der Klassenarbeiten pro Woche** betreffen. So gilt z. B. im Saarland und in NRW die Beschränkung auf zwei Klassenarbeiten pro Woche (allerdings kann mit Genehmigung der Schulleitung davon abgewichen werden).
- Erkundigen Sie sich, ob es in der Fachschaft **Absprachen zur Reihenfolge der Unterrichtsreihen und damit der Klassenarbeiten** gibt und ob in Parallelklassen eventuell sogar gleichzeitig gleiche Klassenarbeiten geschrieben werden. Wenn ja, hat dies den Vorteil, dass man sich bei der Planung der Arbeit und der Bewertungsbögen abwechseln kann. Gleichzeitig erhalten Sie einen einheitlichen Bewertungs- und Abfragestandard in der jeweiligen Jahrgangsstufe.

Wenn Sie diese Punkte berücksichtigen, haben Sie Ihre „Jahresplanung" bereits ein gutes Stück vorangetrieben. **Für das Konzipieren der einzelnen, konkreten Arbeit** erhalten Sie im Folgenden hilfreiche Tipps zu verschiedenen Aspekten, die Sie bedenken sollten:

Tipps aus der Praxis:

- Konzipieren Sie eine Klassenarbeit, die **sowohl für Ihre guten als auch für Ihre schlechteren Schüler zu bewältigen** ist. Sie müssen für Ihren Erwartungshorizont also einen Mittelwert finden, mit dem Sie zufrieden sind und den alle Schüler bewältigen können.
  Gute und schlechte Notendurchschnitte sind erlaubt. In einem Fall haben Ihre Schüler gut gearbeitet, im anderen Fall haben Sie einen Teil besonders schwer bewertet. Beides passiert!
- Beziehen Sie nur ein, was Sie **zuvor im Unterricht auch wirklich besprochen und vermittelt** haben. Das gilt sowohl für den Inhalt als auch für Methoden und Aufgabenformate.
  Überlegen Sie, welche Formulierungen bei Aufgabenstellungen den Schülern vertraut sind, und nehmen Sie diese Aufgaben in die Klassenarbeit auf. So gibt es seltener Verständnisprobleme und der Notendurchschnitt fällt in der Regel besser aus.

- Eine Klassenarbeit, die aus reinen Wiederholungsaufgaben besteht, ist nicht zulässig. Sie müssen bei Ihrer **Aufgabenplanung** neben der **Reproduktion** (= Wiederholung des Erlernten) auch die **Reorganisation** (= Anwendung des Gelernten) und den **Transfer** (= Übertragung auf andere Bereiche) berücksichtigen.
- Planen Sie **nicht zu viele Aufgaben** ein. So haben die Schüler ausreichend Zeit, ihre Arbeiten noch einmal zu überarbeiten und Fehler zu finden, und Sie können entspannter korrigieren, weil ein Teil der Fehler bereits erkannt und berichtigt wurde.
- Kündigen Sie vor der ersten Klassenarbeit an, dass auch die **sprachliche Richtigkeit** in Ihre Bewertung einfließt, und berücksichtigen Sie diesen Punkt, indem Sie ihn separat bewerten.
  Lassen Sie ab Klasse 7/8 (erkundigen Sie sich am besten in Ihrer Fachschaft, welche Regelungen an Ihrer Schule und in Ihrem Bundesland greifen) den **Rechtschreibduden** oder ein Wörterbuch **als Hilfsmittel** zu. Einige Fehler werden Ihre Schüler finden, gleichzeitig üben sie das Nachschlagen unter Prüfungsbedingungen für die Zentralen Abschlussprüfungen.
- Differenzieren Sie die Aufgabenstellungen nach Ober- und Unterthemen und **vergeben Sie sehr differenziert Ihre Punkte** für die einzelnen Aufgaben. Je mehr Sie diese Bereiche unterteilen, desto geringer wird Ihr Erwartungshorizont für den einzelnen Teilbereich (d. h. desto weniger Punkte vergeben Sie pro Teilbereich) und desto schneller sind Sie später in Ihrer Bearbeitung. Es macht einen immensen zeitlichen und gedanklichen Unterschied, ob Sie für einen Aufgabenkomplex insgesamt überlegen müssen, wie viel von den 10 möglichen Punkten Sie dafür vergeben, oder ob Sie nur entscheiden müssen, wie sie die fünf Teilaufgaben, die mit 2 Punkten (= voll erfüllt) 1 Punkt (= teils erfüllt) oder 0 Punkten (= nicht/falsch erfüllt) bewertet werden können, jeweils beurteilen.
- Erstellen Sie gleichzeitig mit der Klassenarbeit auch schon einen **Bewertungsbogen**, der alle Bewertungskriterien auflistet und dabei in einer Spalte die möglichen Punkte angibt und in einer anderen Spalte Platz zum Eintragen der tatsächlich erreichten Punkte bietet. Differenzieren Sie auch dort kleinteilig nach den o. g. Themenbereichen bzw. Teilaufgaben. So sind später bei der Korrektur nur wenige begründende Kommentare für eine mangelhafte und ungenügende Klassenarbeit nötig, die in einigen Bundesländern verlangt werden.
- Benutzen Sie **für eventuell nötige Notenbegründungen** zu mangelhaften bzw. ungenügenden Klassenarbeiten **Textbausteine** als Formulierungshilfen (vgl. als Beispiel die Textbausteine für den Deutschunterricht auf S. 144ff.).

- Geben Sie **auf dem Aufgabenblatt** der Klassenarbeit an, welche Aufgabe mit **wie vielen Punkten** bewertet wird. Teilen Sie auch bereits den **Notenschlüssel** mit. So wissen die Schüler, wo sie sich besonders anstrengen müssen, um viele Punkte zu erhalten, (oder welche Aufgabe sie bei Zeitmangel am Ende am besten überspringen, weil an ihr sowieso nicht so viele Punkte hängen,) bzw. wie hoch ihre Punktezahl sein muss, um eine bestimmte Note zu erhalten.

Leistungserwartungen

Was erwarten Sie in einer Klassenarbeit von Ihren Schülern? Eigentlich ist die Antwort klar:

- Sie erwarten, dass die Schüler die **Lerninhalte der Unterrichtsreihe** verstanden haben und diese anwenden können.
- Sie erwarten, dass die **Methoden**, die Sie in den letzten Stunden vermittelt haben, auch möglichst fehlerlos umgesetzt werden.
- Sie erwarten, dass die grundlegenden **Lerninhalte der letzten zwei, vier, oder sechs Jahre** noch präsent sind.

Fazit: Sie erwarten viel! Vielleicht sogar zu viel … In jedem Fall hilft es **den Schülern** sehr, wenn Sie Ihnen **Ihre Erwartungen vorab deutlich machen**. So wissen die Schüler genau, woran sie sind, und können sich gezielter auf die nächste Arbeit vorbereiten – während Sie dem Wunsch nach Transparenz Rechnung tragen und gleichzeitig auf bessere (nämlich mehr Ihren Ansprüchen entsprechende) Schülerleistungen hoffen können.
Um eine realistische Einschätzung Ihrer Erwartungen zu bekommen, notieren Sie in aller Ruhe erst einmal, was genau Sie in der aktuellen Unterrichtsreihe gemacht haben – welche Inhalte wurden durchgenommen, welche Methoden eingeführt, welche Kompetenzen trainiert? Anschließend können Sie diese Liste rechtzeitig vor dem Klassenarbeitstermin mit der Klasse besprechen. Natürlich besteht auch die Möglichkeit, die Schüler selbst eine solche Liste erstellen zu lassen und diese dann mit Ihren Erwartungen zu vergleichen. Bei dieser Vorgehensweise werden Sie überrascht sein – meist im negativen Sinne –, denn Schüler erkennen häufig die eigenen Lernfortschritte nicht. Auch passiert es nicht selten, dass die Lernziele, die Sie im Unterricht eigentlich erreichen wollten, der Klasse gar nicht bewusst geworden sind. Umso hilfreicher ist es, den Schülern die Leistungserwartungen nicht einfach nur zu präsentieren, sondern sie – ganz im Sinne der Lernreflexion – **mit der Klasse gemeinsam zu erarbeiten**.
Gleichzeitig bietet Ihnen diese gemeinsam erarbeitete Zusammenstellung der Leistungserwartungen eine **hervorragende Grundlage für die Konzeption der Klassenarbeit**: Alle Inhalte und Kompetenzen, die Sie in der gemeinsamen

Wiederholungsphase noch einmal besprochen, erklärt, demonstriert oder angewendet haben, können Sie in die Aufgabenstellungen der Klassenarbeit einfließen lassen.

Tipp aus der Praxis:

Um die **Lernziele der Unterrichtsreihe für die Schüler transparenter** zu machen und damit der Überraschung und dem Aufstöhnen kurz vor der Klassenarbeit vorzubeugen, bietet es sich an, die Stunden regelmäßig mit einem klassisch-informierenden Unterrichtseinstieg zu beginnen: Die Schüler erfahren hier zu Beginn der Stunde, was sie lernen/erfahren/anwenden ... sollen (siehe Punkt 1 und 2 Ihrer Erwartungen) und prägen sich so die Lernziele, auch die der gesamten Reihe, besser ein.

Grundsätzliches zur Durchführung einer Klassenarbeit

Nach der Konzeption der Klassenarbeit steht der Termin der Durchführung an. Die Schüler sind mehr oder weniger aufgeregt und für Sie beginnen ein oder mehrere Schulstunden der vollen Konzentration auf die Schüler.
Vielleicht gelingt es Ihnen, während der Aufsicht gleichzeitig Stunden vorzubereiten, Noten einzutragen und die Schüler beim Lösen der einzelnen Aufgaben zu beobachten. Meist artet dies aber in Stress aus und verhindert entspanntes Abwarten und aufmerksames Beobachten. Machen Sie sich bewusst, dass sich eventuelle Hektik, die Sie verbreiten, auf die Schüler überträgt, und denen so die Chance nimmt, die gestellten Aufgaben konzentriert zu bearbeiten. Versuchen Sie daher, wirklich **nur eine Aufgabe** während der Klassenarbeitsaufsicht zu erledigen: das **Beaufsichtigen**!
Neben diesem Grundsatz gibt es noch einige weitere Punkte, deren Beachtung für eine **entspannte Durchführung einer Klassenarbeit** sorgt:

Tipps aus der Praxis:

- Führen Sie die Arbeiten **immer nach demselben Muster** durch.
- Stellen Sie die Tische auf Lücke und benutzen Sie an doppelt besetzten Tischen mobile Trennwände als **Sichtschutz**.
- Fordern Sie die Schüler auf, alles vom Tisch zu räumen, was sie nicht brauchen. **Auf den Schülertischen erlaubt** sind ein kleines (!) Federmäppchen mit Stiften, Taschentücher und eventuell genehmigte Hilfsmittel, z. B. ein Taschenrechner, ein einsprachiges Wörterbuch oder der

Rechtschreibduden. Bei mehrstündigen Klassenarbeiten darf auch etwas zu essen und zu trinken auf dem Tisch stehen.

- Sammeln Sie vorab alle **elektronischen Geräte** ein. Denken Sie auch an internetfähige Uhren, die oft wie normale Uhren aussehen!
- Teilen Sie die **Arbeitshefte oder Mappen** aus. So kommen die Schüler schon zur Ruhe. Sinnvoll ist es, einheitliche Hefte zu benutzen (vielleicht besorgen Sie diese im Klassensatz beim Discounter während dessen Schulmaterialaktionen). Wenn alle Hefte gleich aussehen, vermeiden Sie nicht nur Zwischenrufe („Mein Heft ist da ganz unten. Kann ich das schon mal haben?"), sondern während der Rückgabe die traurige Gewissheit, dass das eigene Heft in einem sortierten Stapel ganz unten bei den schlechten Noten liegt. Außerdem können Sie so selbst bestimmen, wie breit der Rand ist, den Sie für Ihre Korrekturen benötigen.
- **Erklären** Sie vor dem Austeilen der Aufgabenblätter die **Rahmenbedingungen** der Klassenarbeit, also wie viel Zeit die Schüler haben, was Sie später wieder einsammeln (z. B. neben dem Arbeitsheft auch das Aufgabenblatt und Zettel mit Nebenrechnungen, Notizen etc.) und wie Sie reagieren, wenn jemand beim Spicken oder Abschreiben erwischt wird. (Und setzen Sie im Fall des Falles Ihre Ankündigungen auch um; Stichwort Glaubwürdigkeit!)
- Teilen Sie die **Aufgabenblätter verdeckt** aus und lassen Sie diese schließlich auf Kommando umdrehen. So ist gewährleistet, dass alle Schüler exakt gleich viel Zeit zur Bearbeitung haben und niemand bevorzugt oder benachteiligt wird. Ab diesem Zeitpunkt sprechen nur noch Sie!
- **Erklären** Sie ggf. kurz die **einzelnen Aufgaben** und weisen Sie dabei auf **wichtige Punkte** hin (z. B.: „Denkt bei Nr. 3 noch einmal an die Zusammenhänge, die wir letzte Woche aufgeschrieben hatten!").
- Geben Sie ein **Startsignal**, beobachten Sie die ersten Minuten stehend das Geschehen und setzen Sie sich erst dann ans Pult. **Gehen Sie in unregelmäßigen Abständen** langsam (um keine Hektik zu verbreiten) und auf verschiedenen Wegen **durch den Raum**. So verhindern Sie einige Spickaktionen. Öffnen Sie dabei auch immer wieder mal ein Fenster und sorgen Sie so für **Frischluftzufuhr**.
- In den „Entspannungszeiten" am Pult machen Sie sich einen **Sitzplan**. So können Sie später während der Korrektur überprüfen bzw. nachvollziehen, wo eventuell zusammengearbeitet (also getäuscht) wurde. In manchen Bundesländern reicht der Versuch einer **Täuschungshandlung** aus, dass Sie die Arbeit nur z. T. bewerten oder direkt mit „ungenügend" beurteilen.

In anderen Bundesländern haben Sie nur im tatsächlich während der Klassenarbeit entdeckten Täuschungsfall eine rechtliche Handhabe bzgl. der Notengebung. Erkundigen Sie sich rechtzeitig, wie es in Ihrem Fall gehandhabt wird. (Im Zweifelsfall können Sie bei der Rückgabe der Arbeit pokern: „Beide Schüler bekommen ein ‚ungenügend' wegen der Täuschung. Aber vielleicht ist derjenige, der abgeschrieben hat, so fair und meldet sich, damit der andere nicht ungerechtfertigt bestraft wird. Ihr habt 5 Minuten Zeit!" Dann verlassen Sie den Raum und warten ab.)

- **Erinnern Sie** bei mehrstündigen Klassenarbeiten 2-mal (z. B.: „Abgabe in 20 Minuten bzw. 10 Minuten") und bei einstündigen Klassenarbeiten einmal („Abgabe in 10 Minuten") **an das bevorstehende Ende der Arbeit** und schreiben Sie diese kurze Information an die Tafel.
- **Vermeiden Sie Hektik und Unübersichtlichkeit zum Ende** der Zeit. Wenn Schüler ihre Arbeit vor Ende der Stunde fertig haben und abgeben wollen, fordern Sie sie auf, Ihre Arbeit noch einmal durchzulesen und ggf. zu korrigieren. Erst dann nehmen Sie die Arbeit entgegen und legen sie in 10er-Päckchen (zum leichteren Kontrollieren, ob alle Schüler abgegeben haben) aufs Pult. Geben Sie den Schülern ein Arbeitsblatt mit, damit sie sich still beschäftigen und die Mitschüler nicht stören. Für die Klassen 5 und 6 eignet sich bspw. ein Mandala, für die Klassen 7 bis 10 wäre z. B. ein Arbeitsblatt mit Fragen zu fantastischen Situationen („Wohin soll dich eine Zeitmaschine bringen? Begründe deine Antwort!" oder „Du bist König von Deutschland. Was muss unbedingt geändert werden? Begründe!") denkbar.

Machen Sie sich bewusst, dass eine **entspannte Arbeitsatmosphäre** während der Klassenarbeit den Schülern Sicherheit gibt und dadurch gute Arbeitsergebnisse begünstigt. Sie sind für diese Atmosphäre zuständig und können so die Schülerleistungen beeinflussen.

Grundsätzliches zur Korrektur einer Klassenarbeit

Nachdem Sie die Klassenarbeit haben schreiben lassen, beginnt der Teil, der von vielen Lehrern als sehr nervenaufreibend empfunden wird: die Korrektur. Hier ist es besonders wichtig, mit einer **positiven Haltung** an die Sache heranzugehen, sonst wird Ihnen das Thema schnell die Freude am Beruf trüben. Denn Korrekturen sind einfach ein Teil des Lehrerdaseins, sie gehören fest zur Leistungsbewertung und lassen sich nicht umgehen. Da die **Pflichtaufgabe Korrektur** vielen Ansprüchen genügen muss – sie soll möglichst schnell und effizient erfolgen, möglichst einheitlich, fair und transparent sein und gleichzei-

tig die Schüler durch differenzierte und motivierende Rückmeldung bei Ihrem Lernfortschritt unterstützen – empfinden nicht wenige Lehrer sie als schier unlösbar und der Stapel Arbeitshefte auf dem Schreibtisch wird als bedrohender Berg wahrgenommen. Die schlechte Nachricht: **Den einen Königsweg,** an diese Herausforderung heranzugehen, **gibt es leider nicht**. Aber – und das ist die gute Nachricht – es gibt eine Menge Tipps und Tricks, die Ihnen helfen können, das Korrigieren erträglicher zu machen und so die o. g. positive Haltung dazu zu bewahren. Wichtig ist, dass Sie diejenigen Tipps herausgreifen, die Ihnen und Ihrer Arbeitsweise entsprechen. Finden Sie für sich heraus, ob Sie sofort am Tag der Klassenarbeit mit den Korrekturen beginnen oder lieber erst am folgenden Nachmittag, ob Sie alle Arbeiten „in einem Rutsch" durcharbeiten oder sich einzelne Päckchen vornehmen, ob Sie bis Mitternacht am Schreibtisch sitzen oder das ganze Wochenende. Sie bestimmen, wann Sie was machen. Denn was für den einen die perfekte Korrekturstrategie ist, muss nicht zwangsläufig auch für den Kollegen passen. Probieren Sie aus, was zu Ihnen passt, wandeln Sie Vorgehensweisen so um, dass Sie damit gut arbeiten können, und entwickeln Sie so Ihre **ganz eigene, individuelle Korrekturstrategie!**
Als Grundlage bieten Ihnen die folgenden Seiten zunächst einige allgemeine Tipps zum praktischen Vorgehen bei der Korrektur, danach folgen Hinweise zu den Bewertungsstrategien und Korrekturzeichen, zum Thema Notenschlüssel sowie zu hilfreichen Punktetabellen, die das Einordnen der Leistung erleichtern, und schließlich auch hilfreiche Textbausteine, die eine Begründung der Schülerleistung vereinfachen.

Um die Korrekturarbeit zu erleichtern, ist es in jedem Fall sinnvoll, sich einen **immer gleichen Arbeitsablauf** anzueignen, der sich für Sie und Ihre Arbeitsweise als der leichteste und gangbarste erwiesen hat. Zwar spielen hier wie gesagt viele individuelle Faktoren rein, allerdings haben sich einige Verfahren und Vorbereitungen als **grundsätzlich sinnvoll** erwiesen:

Tipps aus der Praxis:

- Räumen Sie auf Ihrem Schreibtisch einen großzügigen Platz zur Korrektur frei. So können Sie den abzuarbeitenden Heftstapel, die Bewertungsbögen, einen Notizblock, den Duden/ein Lexikon etc., Ihre Stifte und den bereits korrigierten Heftstapel nebeneinander auslegen, ohne dass etwas verdeckt wird und im Chaos „verschwindet". Hier gilt ganz klar: Äußere Ordnung schafft innere Ordnung – wenn Sie **auf dem Schreibtisch den Überblick behalten,** gelingt Ihnen das auch leichter bei den zu korrigierenden Aufgaben!
- Stellen Sie **etwas zu trinken und eine Kleinigkeit zu essen** bereit. So müssen Sie Ihre Arbeit nicht unterbrechen, wenn Hunger oder Durst quälen,

und können Ihre Konzentration besser aufrechterhalten. Wählen Sie Speisen, die Sie bequem in eine Hand nehmen können, die nicht krümeln, zu sehr kleben oder schmieren.

- **Verbannen Sie Telefon und Handy** aus dem Arbeitszimmer. So werden Sie bei der Arbeit nicht durch einen Anruf oder eine SMS gestört – selbst wenn Sie den Anrufer schnell auf später „vertrösten" oder die eingegangene Nachricht nicht einmal lesen, reißt Sie die kurze Unterbrechung oder auch der noch so unaufdringliche Benachrichtigungston aus Ihrer Konzentration.
- **Informieren Sie die Familie,** dass Sie ab jetzt für die nächste Zeit (geben Sie die genaue **Zeitspanne** – z.B. 30 Minuten oder 3 Stunden an – an) **nicht gestört werden wollen**, es sei denn, das Haus brennt ab oder es gibt Verletzte!
- Wählen Sie für die Korrektur eine Zeit, in der **im Haus Ruhe** herrscht. So brauchen Sie trotz Ihrer Anweisung keine Unterbrechungen durch Kindergeschrei oder Essensvorbereitungen o.Ä. zu fürchten. Leider heißt dies in der Regel, dass Sie häufig abends oder am Sonntagmorgen arbeiten müssen.
- Besuchen Sie, bevor es losgeht, noch einmal die Toilette. **Schließen Sie** dann im Arbeitszimmer hinter sich **die Tür** und beginnen Sie in Ruhe mit der Korrektur.
- Lassen Sie **leise Musik im Hintergrund** laufen. Egal ob dies entspannende Sphärenklänge oder Vivaldis „Jahreszeiten" sind – Musik kann die Konzentration steigern und außerdem motivierend wirken[6].
- Stellen Sie einen **Wecker**, z.B. eine Eieruhr, auf 30/45 Minuten oder 1 Stunde und legen Sie los. Lassen Sie sich bis zum Klingeln durch nichts ablenken! Machen Sie dann nach Ablauf der Zeit eine **kurze (!) Belohnungspause**, lüften Sie den Raum und bewegen Sie sich etwas, aber gehen Sie nicht raus. Stellen Sie den Wecker anschließend neu und weiter geht's. (Alternativ können Sie auch ohne Wecker arbeiten und z.B. nach dem vierten, achten, zwölften etc. durchgesehenen Heft jeweils eine kleine (!) Belohnungspause einbauen.)

Bewertungsstrategien

Wenn Sie unter den Kollegen fragen, was mehr Zeit in Anspruch nimmt, Unterrichtsvorbereitung oder Korrekturen, so werden Sie wahrscheinlich die Korrekturen als Antwort bekommen. Klassenarbeiten zu korrigieren, braucht nun einmal Zeit – sehr viel Zeit. Daher ist es sinnvoll, sich Strategien anzutrainieren, die diese **Korrekturzeit verkürzen, ohne dass gleichzeitig die**

[6] Zur Motivation mit speziellen Klängen finden Sie zahlreiche Playlists bei YouTube. Hilfreich ist hier evtl. auch dieser Link: *www.lehrerfreund.de/schule/1s/hypnose-trance-korrigieren-mp3/4431*.

Qualität Ihrer Bewertung darunter leidet.
Denn eine gute Korrektur spart nicht nur Zeit, sondern erfüllt auch den Anspruch auf Transparenz, Fairness und Schülermotivation. Beim Bewerten von Klassenarbeiten gilt es also, Antworten auf folgende Fragen zu finden:

- Wie korrigiere ich transparent?
- Wie kann ich allen Schülern gegenüber fair sein?
- Wie korrigiere ich so, dass der Schüler daraus etwas lernt?
- Wie kann ich die Korrekturzeit verringern?
- Wie kann ich mir die Arbeit erleichtern?

Die ersten drei Fragen zielen auf die Qualität der Bewertung; sind also insbesondere aus Schülersicht wichtig, während die letzten beiden Fragen Ihre eigene Arbeitsleistung in den Mittelpunkt rückt. Die folgenden Abschnitte versuchen, Ihnen Antworten und praktische Hilfen zur Bewältigung dieser Herausforderungen an die Hand zu geben.

Wie korrigiere ich transparent?
Transparenz bei einer Korrektur bedeutet, dass die Schüler nachvollziehen können, wie Sie ihre Leistung bewertet haben. Und genau da liegt das Problem: Wie lässt sich eine Bewertung nachvollziehbar gestalten, wo doch Schülerlösungen häufig ganz individuell sind? Die Antwort scheint relativ einfach: indem Sie Ihre **Bewertungskriterien offenlegen und erklären**. Aber versteht jeder Schüler sofort, was Sie meinen, wenn Sie bspw. im Deutschunterricht oder in der Begründung einer Note von „sprachlicher Richtigkeit" oder im Englischunterricht von „komplexem Sprachverständnis" reden? Vermutlich nicht. Ihre Bewertungskriterien müssen also möglichst schülergerecht und genau erklärt und idealerweise auch einmal an einem Beispiel praktisch demonstriert werden.
Dies können Sie z. B. erreichen, indem Sie schon **vor der anstehenden Klassenarbeit eine Hausaufgabe**, die ein Schüler freiwillig auf Folie schreibt, per OHP an die Wand projizieren und **mit der Klasse ausführlich besprechen**, korrigieren und dabei Ihre Korrekturen erklären und begründen. Dabei können Sie sowohl auf die formalen als auch auf die sprachlichen Kriterien eingehen und die Schüler erkennen am Beispiel, worauf es Ihnen ankommt und was Sie in der Arbeit bewerten werden. Darüber hinaus können Sie, wenn möglich, bei den Klassenarbeiten direkt auf dem Aufgabenblatt **angeben, wie viele Punkte in den einzelnen Aufgaben erreicht werden können**. Die Schüler erkennen so, welche Aufgaben schwieriger, wichtiger bzw. leichter und weniger ausschlaggebend für die Gesamtnote sind, und können so im Zweifelsfall oder bei Zeitmangel eigene Prioritäten setzen.
Noch transparenter lassen sich Ihre Klassenarbeiten gestalten, wenn Sie auf dem Aufgabenblatt außerdem noch aufführen, **mit welcher Gesamtpunktzahl welche Note erreicht werden kann**.

Allerdings müssen Sie sich bei der Bewertung dann auch strikt an diese Vorgabe halten (ist den Schülern vorher nicht bekannt, ab welcher Punktzahl z. B. ein „Ausreichend" gegeben wird, können Sie die Noten immer noch etwas anheben, falls die Arbeit zu schlecht ausgefallen sein sollte).

Wie kann ich allen Schülern gegenüber fair sein?

In vielen Köpfen hat sich festgesetzt, dass ein schlechter Schüler auch nur eine schlechte Klassenarbeit schreiben kann und umgekehrt, dass ein guter Schüler selbstverständlich auch eine gute Arbeit schreiben muss. Wenn Sie mit diesen Vorurteilen im Hinterkopf die Korrektur in Angriff nehmen, werden Sie bei einem schlechten Schüler auch hauptsächlich die nicht gelungenen Stellen finden und damit Ihre Meinung bestätigt sehen – und umgekehrt die Arbeit des guten Schülers womöglich durch die „rosarote Brille" lesen. Sie gehen also unfair an die Bewertung heran.
Um nicht in diese Falle zu tappen und eine faire bzw. fairere Bewertung zu erreichen, hilft es z. B., die **Klassenarbeiten** nicht nach „erwartet gut", „erwartet mittelmäßig" und „erwartet schlecht" vorzusortieren, sondern sie einfach **in der Reihenfolge der Abgaben zu korrigieren**. Eine weitere Möglichkeit besteht darin, sich vor dem Korrigieren nicht den Namen des Schülers anzuschauen, die Arbeiten also **anonym zu bewerten**. Allerdings werden Sie die eine oder andere Schrift erkennen, sodass dieser Weg nicht immer ideal ist.

Wie korrigiere ich so, dass der Schüler etwas lernt?

Korrekturen sollen nicht nur beurteilen, sondern immer auch fördern und motivieren. Dazu müssen Sie neben der Korrektur der Fehler auch die **positiven Stellen einer Arbeit herausstellen** – allerdings neigen wir Lehrer dazu, nur das Negative anzustreichen und das Loben zu vergessen.
Meist reichen die Korrekturzeichen aus, um einen Hinweis auf den Fehler und die Verbesserung zu geben, doch manchmal ist dies nicht der Fall. Schreiben Sie dann eine **kurze Notiz** an den Rand, **wie etwas besser hätte formuliert sein können**, denn Sie fördern und motivieren mehr, wenn Sie Anregungen geben, wie die zu weit vom Text entfernte Interpretation, die falsche Rechnung oder der zu abstrakte Gedankengang korrekt formuliert werden könnte.
Aber noch mehr freut und motiviert es Schüler, wenn Sie für eine korrekte Schlussfolgerung, für eine gelungene Argumentation oder für eine nachvollziehbare Nebenrechnung gelobt werden. Also schreiben Sie auch einmal „Gut gemacht!", „Prima!" oder „Gelungene Schlussfolgerung!" an den Rand.
Benutzen Sie die üblichen Korrekturzeichen (siehe „Die wichtigsten Korrekturzeichen bei Klassenarbeiten", S. 37), die die Schüler kennen. So gibt es weniger Nachfragen der Schüler, denn sie können sofort erkennen, wo sie z. B. sprachliche Schwächen haben oder eine Regel wiederholen sollten.

Wie kann ich die Korrekturzeit verringern?

Zum einen sollten Sie Folgendes verinnerlichen: Jede Viertelstunde mehr, die Sie in die **Konzeption** der Klassenarbeit und des Bewertungsbogens stecken (siehe „Grundsätzliches zur Planung einer Klassenarbeit" ab S. 23), erspart Ihnen hinterher Korrekturzeit!

Nachdem die Arbeit geschrieben wurde, hilft es, in Deutsch und den Fremdsprachen **Inhalt und Sprache** aller Aufgaben **gleichzeitig zu korrigieren,** denn so ersparen Sie sich einen weiteren Lesedurchgang. Allerdings ist es natürlich Ihre Entscheidung, ob Sie so verfahren möchten – wenn Sie besser damit zurechtkommen, zuerst nach allen sprachlichen Fehlern zu schauen und in einem zweiten Durchlauf den Inhalt zu korrigieren, bleiben Sie dabei. Bedenken Sie aber, dass Sie dadurch jede Arbeit mindestens 2-mal bearbeiten müssen und viel mehr Zeit benötigt wird. Vielleicht probieren Sie das o.g. Verfahren einmal aus; mit etwas Übung gelingt es Ihnen sicherlich, sich auf beides gleichzeitig zu konzentrieren, ohne etwas zu übersehen.

In jedem Fall sollten Sie sich **sofort nach dem ersten Lesen** einer Arbeit **Notizen** auf Ihrem Bewertungsbogen machen, um so Ihren ersten Eindruck und die frischen Gedanken festzuhalten. So ersparen Sie sich das zweite oder dritte Aufschlagen und Aufgabensuchen und damit viele Korrekturminuten.

Wie kann ich mir die Arbeit erleichtern?

Erstellen Sie vor der Konzeption der Arbeit eine genaue Liste, aus der hervorgeht, was Sie im Unterricht durchgenommen haben, was die Schüler aus den vorangegangenen Schulen oder Klassen an Vorwissen mitbringen[7] und was Sie, darauf basierend, von den Schülern fordern können (vgl. oben zu „Leistungserwartungen", S. 26f.). Dadurch wird gewährleistet, dass Sie **nur das in die Klassenarbeit aufnehmen, was Sie auch sicher voraussetzen können**. Dadurch ärgern Sie sich später bei der Korrektur weniger und gute Laune erleichtert jedes Korrigieren.

Darüber hinaus ist es sehr hilfreich, wenn Sie schon parallel zur Konzeption der Arbeit einen **differenzierten Bewertungsbogen** erstellen (vgl. „Grundsätzliches zur Planung einer Klassenarbeit" ab S. 23, sowie weitere Tipps unter „Die Notenbegründung" ab S. 42), den Sie während der Korrekturen neben sich liegen (oder als Excel-Tabelle auf dem Computer geöffnet) haben. Diesen Bogen füllen Sie dann für jeden Schüler aus und können ihn ins Klassenarbeitsheft einkleben bzw. einheften. Wie ein solcher Bewertungsbogen aussehen könnte, sehen Sie an folgendem **Beispiel**.

---

[7] In der Erprobungsstufe gibt es in vielen Bundesländern und in vielen Fachschaften die Regelung, dass die Rechtschreib-, Grammatik- und Zeichenfehler nicht so streng benotet werden, wie es später ab Klasse 7 der Fall ist, denn die Lehrer können nicht wissen, was wie intensiv an den verschiedenen Grundschulen thematisiert wurde. Erkundigen Sie sich, wie dies an Ihrer Schule gehandhabt wird.

Aufgabenstellung für eine Klassenarbeit im Fach Deutsch in einer 7. Klasse an einer Realschule

1. Verfasse eine Inhaltsangabe zum Gedicht „Die Heinzelmännchen" von August Kopisch.
2. Ist dieses Gedicht eine Ballade? Begründe deine Meinung mit Textzitaten, so wie es eingeübt wurde.

Bewertungsbogen „Inhaltsangabe und Ballade"

	max. Punkte	deine Punkte
Inhaltsangabe		
I Einleitungsteil formuliert	5	4
- mit Titel, Textart, Autor, Thema (=TTAT) und Erscheinungszeitraum		
- dabei das **Thema korrekt wiedergegeben**	2	1
I Hauptteil verfasst		
- dabei **eigene Formulierungen** benutzt	2	2
- Entwicklung der Ereignisse dargestellt (Leben schön, weil Heinzelmännchen helfen, genannte Handwerker sind faul, Falle der Ehefrau des Meisters, Entdeckung und Verschwinden, Sehnsucht nach der alten Zeit)	10	6
Balladenmerkmale		
I lyrische Elemente (8 Strophen, 12–15 Verse oder gesamt 108 Verse, Paarreime mit einzelnen Ausnahmen), Textbeleg zum Paarreim	4	3
- **Sonderpunkt:** Reimschema genannt	1	/
I dramatisches Element (kein Dialog, kein Monolog, nur 2 Ausrufe (Str. 8, V. 1 und V. 13), sonst Erzählung)	4	4
I epische Elemente (außergewöhnliches und abgeschlossenes Ereignis, Höhepunkt genannt)	4	4
- Textbelege aufgeführt (Höhe-/Wendepunkt: Str. 7 und Verschwinden in Str. 8)		

Darstellungsleistung **I Text geordnet und übersichtlich gegliedert**, d. h. nach jeder Teilaufgabe einen Absatz gemacht (Einleitung, Hauptteil; lyrisches, dramatisches, episches Element) **I** im **Präsens** geschrieben **I Satzbau abwechslungsreich** gestaltet **I abwechslungsreich, genau und in eigenen Worten** ausgedrückt **I sprachlich richtig** ausgedrückt (R, Z, Gr ...) Fehlerquotient: bis 3,4 = 4 P., 3,41–6,8 = 3 P., 6,81–10,2 = 2 P., 10,21–13,60 = 1 P., ab 13,61 = 0 P.	3 2 1 2 4	1 2 1 2 3
Ordnungsleistung **I Heft** benutzt **I saubere und leserliche** Schrift	1 1	1 1
Summe	**45**	35

Nach der Korrektur aller Arbeiten sollten Sie sich nur diejenigen Arbeiten, die **an Notengrenzen** liegen oder die Ihre **Erwartungen über- und untertroffen** haben, noch **ein zweites Mal durchlesen**, um Ihre Beurteilung zu überprüfen.

Die Korrekturzeichen

Benutzen Sie bei Ihren Korrekturen **immer die üblichen Korrekturzeichen**. Diese Zeichen verinnerlichen Sie im Laufe der ersten Korrekturen so weit, dass die Kennzeichnung **irgendwann automatisch** erfolgt, was Ihnen langfristig die Arbeit erleichtert. Darüber hinaus ist durch die einheitliche Verwendung der Zeichen gewährleistet, dass auch die **Schüler** ihre Bedeutung verinnerlichen und **Ihre Korrekturen besser und schneller nachvollziehen** können. Dafür ist es natürlich wichtig, dass Sie die Korrekturzeichen mit der Klasse zu Beginn des Schuljahres oder mit der Rückgabe der ersten Klassenarbeit besprechen. Eine Übersicht der üblichen Zeichen samt Erklärungen und möglichen Berichtigungen, die für Ihre Schüler gedacht ist, finden Sie auf der folgenden Seite.

Die wichtigsten Korrekturzeichen bei Klassenarbeiten

Korrektur-zeichen	Bedeutung	Berichtigung
R	Du hast einen **Rechtschreibfehler** gemacht.	Schreibe das falsche Wort 3-mal richtig auf.
Z	Du hast einen **Zeichensetzungsfehler** gemacht.	Schreibe den Satz fehlerfrei mit richtiger Zeichensetzung ab.
G/Gr	Du hast einen **Grammatikfehler** gemacht.	Schreibe den Satz fehlerfrei mit richtiger Grammatik ab.
A	Du hast einen **Ausdruckfehler** gemacht.	Schreibe den Satz fehlerfrei ab und ersetze dabei das unpassende Wort.
T	Du hast einen **Zeitfehler** gemacht (z. B. hast du statt im Präteritum im Perfekt geschrieben).	Schreibe den Satz fehlerfrei ab und berichtige dabei die falsche Zeitform des Verbs.
s. o.	Das heißt „siehe oben“, du hast diesen Fehler weiter oben schon einmal begangen.	**Diesen Fehler brauchst du nicht noch einmal zu berichtigen.**
(---)	Du hast ein **überflüssiges Wort** geschrieben.	Schreiben den Satz fehlerfrei ab und lasse dabei das überflüssige Wort weg.
Wdhlg.	Das heißt „Wiederholung“, du hast einen **Wiederholungsfehler** gemacht.	Schreibe den Textteil fehlerfrei ab und ersetze dabei das sich wiederholende Wort durch Alternativen.
SB	Das heißt „Satzbau“, du hast einen **Satzbaufehler** gemacht.	Schreibe den Satz fehlerfrei ab und bringe dabei die Satzteile in die richtige Reihenfolge.
Bg/Bgr	Das heißt „Begründung“, du hast in deiner Argumentation eine **Begründung** vergessen oder eine falsche und nicht nachvollziehbare Begründung genannt.	Schreibe den Text fehlerfrei ab und ergänze/berichtige dabei die Begründung.
Bl	Das heißt „Beleg“, du hast einen **Beleg vergessen** bzw. ein **Zitat falsch** wiedergegeben.	Schreibe den Text fehlerfrei ab und ergänze dabei den Beleg/die Quelle bzw. korrigiere das Zitat.
V	Das bedeutet, dass hier etwas **fehlt**.	Schreibe den Satz fehlerfrei ab und ergänze ihn so, dass sein Sinn klarer wird.
┌	Du hast ein Wort **ausgelassen**.	Schreibe den Satz fehlerfrei ab und ergänze dabei das fehlende Wort.
] [	Das bedeutet, dass dein **Satz zu lang** und damit unübersichtlich ist.	Schreibe den Satz fehlerfrei ab und formuliere ihn dabei in mehrere kürzere Sätze um.
_┘¯	Hier hättest du einen **Absatz** machen müssen.	**Diesen Fehler brauchst du nicht zu berichtigen.**
◡	Das bedeutet, dass die beiden Wörter **zusammengeschrieben** werden müssen.	Schreibe das falsche Wort 3-mal richtig auf.

Achte bei deiner Berichtigung darauf, dass du alle Fehler berichtigst.
Arbeite sauber und genau, damit du bei der nächsten Arbeit diese Fehler nicht wiederholst.

Durch die einheitliche Verwendung der Korrekturzeichen unterstützen Sie den informierenden Charakter Ihrer Korrekturen für die Schüler. Allerdings sollen diese nicht nur sehen, was sie falsch gemacht haben, sondern auch erkennen, wie es besser geht. Dazu sollten Sie Ihre **Korrekturen, wo nötig, durch einen** Kurzkommentar direkt neben dem Fehler am Rand, der übrigens möglichst breit sein soll, oder in einem ausführlicheren **Kommentar** unter der Arbeit **ergänzen**.

Der Notenschlüssel

Ein gut überlegter Notenschlüssel kann Ihnen die Arbeit sehr erleichtern. Denn das Addieren der Punkte macht einen nicht unerheblichen Teil der Korrekturzeit aus. Es kann nämlich durchaus passieren, dass Sie durch Ihre differenzierte Aufgabenstellung viele Punkte auf alle Teilbereiche der Aufgaben verteilt haben, und dann rechnen Sie. Um zumindest bei der **Zuordnung der erreichten Gesamtpunktzahl zu einer Note** keine unnötige Zeit zu verlieren und Fehler zu vermeiden, hilft es, vorab einen Notenschlüssel festzulegen. Hierbei gilt es allerdings, einige Aspekte zu beachten, über die Sie sich vorab informieren und im Klaren sein sollten. Bspw. setzt sich der Schlüssel in den Deutsch- und Fremdsprachenarbeiten aus zwei Bereichen zusammen, die unterschiedlich gewichtet werden: Inhalt und Sprache, wobei der Inhalt ca. 80 % der Note ausmacht und Sprache (eigentlich der „Sprachgebrauch") ca. 20 %. Da dieser Wert allerdings je nach Schulform und Schule unterschiedlich sein kann, informieren Sie sich nach der Handhabung in Ihrem Haus. Ebenfalls wichtig zu wissen ist, dass das Schulgesetz manchmal vorschreibt, bei welchem Prozentsatz der Punkte welche Note zu geben ist. Dies ist z. B. in Niedersachsen der Fall:

Beschlüsse und Regelungen zur Leistungsbewertung für das Land Niedersachsen

vom April 2016[8]

3. Bewertungsbereiche

[…] Die Bewertung der Klassenarbeiten soll nach dem nachfolgend dargestellten Schlüssel erfolgen, wobei in begründeten Fällen mit Zustimmung der Schulleiterin oder des Schulleiters bei erhöhten Anforderungen eine Modifizierung möglich ist.

[8] Quelle: Niedersächsisches Landesinstitut für schulische Qualitätsentwicklung, *www.nibis.ni.schule.de/~sfllin/printable/2225769b370aa1202/2225769b370b1281a/2225769b370bc252c/index.html*

Erreichte Leistung:

- 100 v. H. bis 93 v. H. Note: 1 (sehr gut)
- unter 92 v. H. bis 77 v. H. Note: 2 (gut)
- unter 76 v. H. bis 61 v. H. Note: 3 (befriedigend)
- unter 60 v. H. bis 45 v. H. Note: 4 (ausreichend)
- unter 44 v. H. bis 20 v. H. Note: 5 (mangelhaft)
- unter 19 v. H. Note: 6 (ungenügend)

[...]

Egal ob die prozentuale Einteilung zur Benotung fest vorgeschrieben ist oder Sie eine eigene Einteilung vornehmen – in jedem Fall stellt sich eine **Punktetabelle** als hilfreiches Instrument dar, das Ihnen die Zuordnung der erreichten Punkte zur Note erleichtert. Auf den folgenden zwei Seiten finden Sie ein Beispiel für eine solche Punktetabelle zur Notenfindung. Sie gibt Ihnen für die gängige prozentuale Aufteilung (wie sie auch im niedersächsischen Schulgesetz verankert ist, s. o.) für verschiedene maximal erreichbare Gesamtpunktzahlen an, welcher tatsächlich erreichte Punktwert welcher Note entspricht. So können Sie für fast alle Klassenarbeiten (und auch schriftliche Tests), bei denen Sie zwischen 10 und 100 Punkten vergeben haben, die jeweiligen Noten ablesen (für das untere und obere Ende wurden teilweise nur 5er- bzw. 10er-Schritte angegeben). Ein Beispiel zur Handhabung: Wenn Sie eine Arbeit konzipiert haben, bei der maximal 38 Punkte erreicht werden könnten, und ein Schüler hat 31 Punkte bekommen, so entspricht dies der Note 2.

Tipp aus der Praxis:

Kopieren Sie diese Tabelle auf die Vorder- und Rückseite eines farbigen Blattes Papier (zwecks Lesbarkeit sollte es ein heller Ton sein, z. B. gelb, hellgrün oder hellblau) und laminieren Sie sie. So ist sie stabiler, bleibt sauber und wird wegen der Farbe immer schnell wiedergefunden.

Bitte beachten Sie, dass diese Tabelle nicht in allen Bundesländern verbindlich ist! Erkundigen Sie sich auch hier, wie die Regelung in Ihrer Schule ist. Eventuell nehmen Sie die Tabelle mit in die nächste Fachschaftssitzung und lassen deren Gebrauch genehmigen – oder regen an, gemäß der bei Ihnen geltenden Regelungen gemeinsam eine eigene Punktetabelle zu entwerfen.

Beispiel für eine Punktetabelle zur Notenfindung

Max. erreichbare Punktzahl:		10	15	20	25	30	31	32	33
Note	**Prozent**								
1	100–93	10	15	20–19	25–24	30–28	31–29	32–30	33–31
2	92–77	9	14–13	18–16	23–20	27–23	28–24	29–25	30–26
3	76–61	8–7	12–10	15–13	19–16	22–18	23–19	24–20	25–21
4	60–45	6–5	9–7	12–9	15–11	17–13	18–14	19–15	20–15
5	44–20	4–3	6–4	8–5	10–6	12–7	13–7	14–8	14–8
6	19–0	2–0	3–0	4–0	5–0	6–0	6–0	7–0	7–0
		34	**35**	**36**	**37**	**38**	**39**	**40**	**41**
1	100–93	34–32	35–33	36–34	37–35	38–36	39–36	40–37	41–38
2	92–77	31–27	32–28	33–28	34–29	35–30	35–30	36–31	37–32
3	76–61	26–21	27–22	27–22	28–23	29–24	29–24	30–25	31–25
4	60–45	20–15	21–16	21–16	22–17	23–18	23–18	24–18	24–18
5	44–20	14–8	15–8	15–8	16–8	17–9	17–9	17–9	17–9
6	19–0	7–0	7–0	7–0	7–0	8–0	8–0	8–0	8–0
		42	**43**	**44**	**45**	**46**	**47**	**48**	**49**
1	100–93	42–39	43–40	44–41	45–42	46–43	47–44	48–46	49–46
2	92–77	38–32	39–33	40–34	41–35	42–36	43–36	45–37	45–38
3	76–61	31–25	32–26	33–27	34–28	35–28	35–28	36–29	37–30
4	60–45	24–18	25–19	26–19	27–20	27–20	27–20	28–21	29–22
5	44–20	17–9	18–10	18–10	19–10	19–10	19–10	20–10	21–11
6	19–0	8–0	9–0	9–0	9–0	9–0	9–0	9–0	10–0

Max. erreichbare Punktzahl:		50	51	52	53	54	55	56	57
Note	**Prozent**								
1	100–93	50–47	51–48	52–49	53–50	54–51	55–51	56–52	57–53
2	92–77	46–39	47–40	48–41	49–41	50–42	50–42	51–43	52–44
3	76–61	38–31	39–32	40–32	40–32	41–33	41–33	42–34	43–35
4	60–45	30–23	31–23	31–23	31–23	32–24	32–24	33–25	34–25
5	44–20	22–11	22–11	22–11	22–11	23–12	23–12	24–12	24–12
6	19–0	10–0	10–0	10–0	10–0	11–0	11–0	11–0	11–0
		58	**59**	**60**	**61**	**62**	**63**	**64**	**65**
1	100–93	58–54	59–55	60–56	61–57	62–58	63–59	64–60	65–61
2	92–77	53–45	54–46	55–47	56–47	57–48	58–49	59–50	60–51
3	76–61	44–36	45–36	46–37	46–37	47–38	48–39	49–39	50–40
4	60–45	35–26	35–26	36–27	36–27	37–28	38–28	38–28	39–29
5	44–20	25–13	25–13	26–13	26–13	27–13	27–13	27–13	28–13
6	19–0	12–0	12–0	12–0	12–0	12–0	12–0	12–0	12–0
		66	**67**	**68**	**69**	**70**	**80**	**90**	**100**
1	100–93	66–61	67–62	68–63	69–64	70–65	80–74	90–84	100–93
2	92–77	60–50	61–51	62–52	63–53	64–54	73–62	83–70	92–77
3	76–61	49–40	50–41	51–41	52–42	53–43	61–49	69–55	76–61
4	60–45	39–29	40–30	40–30	41–31	42–32	48–36	54–41	60–45
5	44–20	28–13	29–13	29–14	30–14	31–14	35–16	40–18	44–20
6	19–0	12–0	12–0	13–0	13–0	13–0	15–0	17–0	19–0

Tipp aus der Praxis:

Sobald der Notenschlüssel für Ihre Arbeit feststeht, ist es hilfreich, wenn Sie sich vor der Korrektur der Arbeiten ein Blatt zurechtlegen, auf dem Sie links untereinander den Notenschlüssel mit etwas Abstand eintragen. Dann brauchen Sie im Laufe der Korrektur nur noch die Namen der Schüler mit Angabe der erreichten Punkte rechts danebenzuschreiben. So erkennen Sie zum einen auf einen Blick, wer an den Notengrenzen liegt (diese Arbeiten sollten Sie ein weiteres Mal durchlesen), zum anderen können Sie schnell durchzählen und den Klassenspiegel ermitteln.

Beispiel zum Tipp:

Note	Punkte	
1	40–37	Yekta/37
2	36–31	Tom/32, Ahmad/31, Leonor/36, Dori/33
3	30–25	Nuri/29, Thomas/29, Henri/25
4	24–18	Jonas/18, Melut/19, Cemil/18, Berat/22, Alisa/23, Marijam/20, Ipek/19
5	17–9	Ismael/17, Jerome/16
6	8 – 0	Viktor/7

Die Notenbegründung

Auch bei den Notenbegründungen, die Sie schreiben, können und sollten Sie „Hilfsmittel" benutzen.[9] Eines davon ist, wie bereits erwähnt, ein differenziert aufgebauter **Bewertungsbogen**, auf dem Sie neben den Leistungserwartungen eine Spalte mit den möglichen Punkten und eine Spalte mit den erreichten Punkten zur Verfügung haben (vgl. Beispiel-Bewertungsbogen oben unter „Bewertungsstrategien", S. 35 f.). Je differenzierter dieser Bogen ausgearbeitet ist, umso schneller können Sie eintragen, ob die Aufgabe ganz, teilweise oder gar nicht erfüllt ist, und die Punktevergabe wird auch für die Schüler transparent.

---

9 In manchen Bundesländern müssen Sie nur die Noten „mangelhaft" und „ungenügend" begründen, andere Länder, z. B. Hessen, verlangen jedoch, dass unter jede Klassenarbeit neben dem Notenspiegel zur Information ein die Schülerleistung würdigender Kommentar geschrieben wird. Auch hier gilt: Erkundigen Sie sich in der Fachschaft oder dem Schulgesetz und den Verordnungen Ihres Bundeslandes, wie das Thema Notenbegründung bei Ihnen gehandhabt wird.

Es gibt bspw. 2 Punkte für die komplette Erfüllung Ihrer Erwartungen, 1 Punkt für eine teilweise Erfüllung und keinen Punkt, wenn Ihre Erwartungen nicht erfüllt wurden. Streichen Sie durch, was nicht zutrifft:

Thema: Eine Inhaltsangabe schreiben	**mögliche Punkte**	**erreichte Punkte**
Du hast einen aussagekräftigen Einleitungssatz geschrieben. (komplett/teilweise/nein)	2	2
Du hast im Einleitungssatz Textart, Autor und Titel genannt. (komplett/teilweise/nein)	2	1

Je weniger Punkte Sie in einzelnen, kleinen Teilbereichen vergeben, umso leichter fällt Ihnen die Beurteilung und umso einfacher sind Ihre Bewertungen nachzuvollziehen. Außerdem: Je kleiner die Zahlen sind, mit denen Sie rechnen müssen, desto schneller geht das Addieren für die Gesamtpunktzahl. Sie können auch ein Tabellenkalkulationsprogramm (z. B. Excel) nutzen, um Ihren Bewertungsbogen am PC zu gestalten. Die Rechenarbeit übernimmt dann Kollege Computer.

Doch egal, ob Sie selbst rechnen oder rechnen lassen: Sie müssen abschließend Ihre Noten begründen. Glücklicherweise gibt es vor allem für die meisten Deutsch- und Fremdsprachenklassenarbeiten **Textbausteine**, die Sie beliebig kombinieren können, um eine nachvollziehbare Bewertung in den wichtigen Einzelbereichen, z. B. Inhalt, Aufsatztyp und Sprache, vorzunehmen (siehe Beispiel auf den folgenden Seiten). Nutzen Sie Bausteine möglichst konsequent, lassen Sie sie vielleicht sogar in den Fachkonferenzen als verbindlich festlegen. So haben Sie ein einheitliches System für alle Schüler und alle Lehrer.

Die wichtigsten Textbausteine zur Notenbegründung eines Aufsatzes

(einsetzbar ab Klasse 7[10])

Im Folgenden finden Sie anhand des Beispiels „Aufsatz" einige Standardtextbausteine, mit denen Sie im Baukastensystem Ihre Notenbegründungen ausführlich oder weniger ausführlich formulieren können.
Beachten Sie dabei, dass eine Notenbegründung nicht nur die Fehler und Schwächen, sondern auch die Stärken des Schülers aufzeigen sollte! In jedem Fall sollten Notenbegründungen auf mehrere Aspekte eingehen.

a. zur Textbeschäftigung des Schülers

Du hast dich mit dem Text ... beschäftigt/auseinandergesetzt.

Note	Textbaustein
1	sehr gründlich, sehr kompetent, sehr umfassend, sehr ausführlich
2	gründlich, kompetent, umfassend, ausführlich
3	teils kompetent, teils umfassend, nur teils ausführlich
4	nur ansatzweise gründlich, knapp, vereinzelt
5	nicht ausreichend, nicht gründlich genug, nur spekulativ

b. zur Textverständigkeit des Schülers

Die Intention des Textes hast du ... erfasst/verstanden.

Note	Textbaustein
1	voll, sehr gut, vollständig
2	gut, weitgehend
3	im Kern, zufriedenstellend
4	oft/öfters nicht genau genug, nur spekulativ, nur oberflächlich
5	nur ansatzweise, nur am Rande, kaum, nicht ausreichend

[10] Da die Formulierungen teilweise sehr komplex sind, sind diese Bausteine nicht unbedingt für die Klassen 5 und 6 geeignet. Die Schüler verstehen einfach nicht, was Sie meinen. Für diese Klassenstufen sollten die Formulierungen dem Niveau der Lerngruppe angepasst werden.

c. zur Textanalyse des Schülers

Deine … (erster Textbaustein) Textanalyse ist dabei … (zweiter Textbaustein) aufgebaut.

Note	Erster Textbaustein
1	durch viele Textbelege abgesicherte, vielschichtige, präzise, stimmige, durchgängig plausible, verständliche, anschauliche, schlüssig aufgebaute
2	meist/meistens/manchmal/gelegentlich präzise, meist tiefer gehende, meist verständliche
3	teils/teilweise/zum Teil nur reproduktive, teils nur knappe, teils ausschweifende, teils unklare, teils oberflächliche
4	meist/meistens/oft/öfters nur reproduktive, meist nur oberflächliche, meist etwas abschweifende, meist zu wenig am Text belegte/abgesicherte, meist langatmige, meist fehlerhafte
5	zu oberflächliche, oft nicht zu Ende gedachte, nur angedeutete, oft spekulative, nicht plausible, meist nur eindimensionale

Note	Zweiter Textbaustein
1	überzeugend, überlegt, sinnvoll, plausibel, sorgfältig
2	meist/meistens/manchmal gut durchdacht, überzeugend, sinnvoll, plausibel, sorgfältig
3	oft/öfters sprunghaft, oft unübersichtlich, oft unstrukturiert
4	teils/teilweise/zum Teil unübersichtlich, teils ungeordnet, teils unstrukturiert, teils mit Wiederholungen behaftet
5	unübersichtlich, ungeordnet, unstrukturiert

d. zur Sprachkompetenz des Schülers

Deine verwendete/benutzte Sprache ist …

Note	Textbaustein
1	anspruchsvoll, präzise, differenziert, komplex
2	meist/meistens präzise, meist differenziert, meist komplex
3	nur teils/teilweise/zum Teil präzise, teils differenziert, teils ungenau, teils nachlässig, nicht immer sinnvoll verknüpfend
4	öfters unpräzise, öfters undifferenziert, öfters unklar, öfters fehlerhaft, durch fehlerhaft eingesetzte Fachterminologie geprägt, oft auch fehlerhaft im Bereich Rechtschreibung/Zeichensetzung/Grammatik
5	meist/weitgehend/oft unklar, meist unpräzise, meist einfach/überschaubar strukturiert, durch geringe/keinerlei/fehlerhafte Fachterminologie geprägt, sehr oft auch fehlerhaft im Bereich Rechtschreibung/Zeichensetzung/Grammatik

e. zum Aufsatzformat des Schülers

Deine Textgestaltung/Dein Aufsatz entspricht … dem im Unterricht eingeübten Aufsatztyp.

Note	Textbaustein
1	genau, durchgehend
2	relativ/recht/ziemlich genau, fast immer/überall/durchgehend, im Allgemeinen
3	im Wesentlichen, meist, meistens
4	teils/teilweise nur ansatzweise/im Ansatz, nur teilweise, nur unzureichend
5	nur unwesentlich, kaum, fast gar nicht, nur im weitesten Sinne

f. zur Textgestaltung des Schülers

Die dabei erarbeiteten Aspekte/Gesichtspunkte der Textgestaltung dieses Aufsatztyps sind von dir ... berücksichtigt worden.

Note	Textbaustein
1	angemessen, sehr gut, kompetent
2	oft/meist angemessen, gut
3	fast immer, nicht immer einwandfrei/korrekt/exakt
4	nur ansatzweise, nur in Ansätzen, nur teilweise, nur unzureichend, selten, nur gelegentlich, kaum
5	kaum, nicht genügend, fast gar nicht, nicht im ausreichendem Maß

Tipp aus der Praxis:

Die Note „Ungenügend" ist sowohl für den Schüler als auch für den Lehrer eine Katastrophe. Ich schreibe meine Notenbegründung dann eher als eine persönliche Notiz an den Schüler und versuche, in diesem Fall auch meine Betroffenheit zu verdeutlichen.

Mündliche Prüfung als Ersatz für eine Klassenarbeit

Mündliche Prüfungen können in allen Bundesländern in allen Jahrgangsstufen aller Schultypen so durchgeführt werden, dass ihre Bewertung eine schriftliche Klassenarbeitsnote ersetzt. Teilweise verpflichten die Schulgesetze der Länder besonders die Fremdsprachenlehrer, eine schriftliche Klassenarbeit durch eine mündliche gleichwertige Prüfung zu ersetzen. Dies ist bspw. in Nordrhein-Westfalen der Fall:

Verordnung über die Ausbildung und die Abschlussprüfungen in der Sekundarstufe I (Ausbildungs- und Prüfungsordnung Sekundarstufe I – APO-S I)

vom 11. Juni 2013
zuletzt geändert durch Verordnung vom 13. Juni 2014 (BASS 13-21 Nr. 1.1)[11]

§ 6 Leistungsbewertung, Klassenarbeiten, Nachteilsausgleich
(8) […] Einmal im Schuljahr kann eine schriftliche Klassenarbeit durch eine gleichwertige Form der mündlichen Leistungsüberprüfung ersetzt werden. Im Fach Englisch wird im letzten Schuljahr eine schriftliche Klassenarbeit durch eine gleichwertige Form der mündlichen Leistungsüberprüfung ersetzt […] Zur Bewertung der verpflichtenden mündlichen Leistungsüberprüfungen wird die Verwendung des Bewertungsrasters gemäß Anlage 55 empfohlen.

Natürlich bietet es sich gerade in den **Fremdsprachen** an, eine mündliche Prüfung durchzuführen, denn Ziel jedes Fremdsprachenunterrichts ist vor allem das Anwenden der fremden Sprache im Gespräch. Leider kommt im Unterrichtsalltag das Trainieren dieser mündlichen Sprachkompetenz häufig zu kurz und der Anteil des Lehrers am gesprochenen Wort im Unterricht ist wesentlich höher ist als der Anteil der Schüler, sodass es häufig eine große Diskrepanz zwischen der (meist guten) schriftlichen Ausdrucksfähigkeit und der mündlichen Sprachkompetenz gibt. Um dies zu ändern und einen Fokus auf das Sprechen zu legen, wurde in den letzten Jahren in vielen Bundesländern und in allen

[11] Quelle: Qualitäts- und Unterstützungsagentur – Landesinstitut für Schule in Nordrhein-Westfalen, *www.standardsicherung.schulministerium.nrw.de/cms/muendliche-kompetenzen-entwickeln-und-pruefen/angebot-sekundarstufe-i/* (unter diesem Link finden Sie unter „Bewertung von Prüfungsleistungen" auch den Link zum empfohlenen Bewertungsraster als PDF-Datei)

Schulformen vermehrt eine mündliche Prüfung zur Kontrolle dieser Fähigkeiten in die Kernlehrpläne aufgenommen. Auch der mittlerweile fest etablierte Gemeinsame Europäische Referenzrahmen für Sprachen (GER)[12] hebt die Bedeutung der mündlichen Kompetenzen in den Fremdsprachen mehr in den Blick.

Doch egal, welches Fach Sie unterrichten: Es hat sich bewährt, **bereits in der Erprobungsstufe** mit den mündlichen Prüfungen zu beginnen, damit die Schüler frühzeitig an das Prozedere gewöhnt werden und nicht erst bei einer verpflichtenden Prüfung in den Abschlussklassen oder bei den wichtigen Abiturprüfungen damit konfrontiert werden. Ebenso gilt fachunabhängig: Diese besondere Prüfungsform erfordert in besonderem Maße eine **langfristige und intensive Vorbereitungs- und Trainingsphase, genaue Überlegungen zur Bewertung** sowie eine **sorgfältige Organisation**. In jedem Fall sollten Sie sich auch hier, genau wie bei der Konzeption einer Klassenarbeit, zunächst über Ihre Leistungserwartungen klar werden.

■ Leistungserwartungen

In einer mündlichen Prüfung erwarten Sie nicht nur **fachliche**, sondern auch **sprachliche und kommunikative Kompetenzen**. Grundlegend für Ihre Erwartungen sind also das Fachwissen des Schülers mit der korrekten Anwendung dieses Wissens sowie die Fähigkeit, die fachlichen Inhalte frei und adressatengerecht erklären und verdeutlichen zu können. Bei diesen mündlichen Prüfungen achten Sie ebenfalls auf die typischen **Präsentationstechniken**, wie freies und betontes Sprechen, Blickkontakt und Körpersprache der Prüflinge.

Um Ihre Leistungserwartungen vorab klar zu definieren, sollten Sie, am besten gemeinsam mit dem Zweitprüfer, bereits zur Konzeption der Prüfung einen **Bewertungsbogen** erarbeiten, auf dem Sie Ihre Bewertungskriterien festhalten (vgl. Beispiel auf S. 52). Unterteilen Sie den Bewertungsbogen in die Teile Inhalt, sprachliche Leistung und Präsentation (diese Teile können Sie besonders in den niedrigeren Klassen, für die mündliche Prüfungen noch neu sind, auch teilweise zusammenfassen).
Der **inhaltliche Teil** einer mündlichen Prüfung richtet sich nach dem jeweiligen Thema des Faches. Der Teil der **sprachlichen Leistung** kann je nach Fach von Ihnen unterschiedlich gewichtet werden. Vorgaben durch den Lehrplan gibt es dabei nicht, aber es kann sein, dass schulintern durch die Fachschaft festgelegt worden ist, mit welchem Prozentsatz dieser Teil in die Endnote der mündlichen Prüfung einbezogen werden muss. Dies gilt auch für die **Präsentation** durch

[12] Nähere Informationen unter *www.europaeischer-referenzrahmen.de*

die Schüler. Manchmal haben Sie ein Plakat oder eine Power-Point-Präsentation erstellen lassen, ein anderes Mal soll ein Gespräch simuliert werden oder nur ein Vortrag zu einem Thema gehalten werden. Je nach Anforderung müssen Sie vorher die mit den Schülern eingeübten Kompetenzen im Bewertungsbogen exakt formulieren (weitere Hinweise und Tipps zum Bewertungsbogen inkl. Beispiel erhalten Sie unten ab S. 51 unter „Bewertungsstrategien").

Aus diesem Bewertungsbogen können Sie anschließend ein allgemeines Dokument mit Bewertungskriterien ableiten (ohne die inhaltlichen Punkte, denn diese würden sonst natürlich die „Lösung" vorwegnehmen), das Sie in der Klasse austeilen, um **Ihren Schülern ganz transparent zu verdeutlichen, was Sie in der Prüfung von ihnen erwarten und worauf Sie achten.** Besprechen Sie die Kriterien gemeinsam und lassen Sie sie am besten auch anhand von Beispielvorträgen einüben.

Besonderheiten einer mündlichen Prüfung in einer Fremdsprache

Planen Sie eine mündliche Prüfung **in einem fremdsprachlichen Fach**, müssen Sie bei Ihrer Bewertung nicht nur die unterschiedlichen Sprachniveaus der einzelnen Jahrgangsstufen[13] berücksichtigen, sondern sollten sich auch am bereits oben erwähnten **Gemeinsamen Europäischen Referenzrahmen für Sprachen** (GER) orientieren und die dort festgelegten Niveaustufen A, B und C der Sprachkenntnisse einbeziehen.

Niveau A: Die Schüler sind **Anfänger** und in der Lage, einfache Wort- und Sprachregeln zu verstehen und anzuwenden. Die Sprachverwendung ist einfach und elementar.

Niveau B: Die Schüler sind **Fortgeschrittene**, die in der Lage sind, Sprachregeln aus bekannten Themenbereichen zu verstehen und selbstständig anzuwenden.

Niveau C: Die Schüler sind so **kompetent**, dass sie in der Lage sind, sich spontan, flüssig und komplex in einer Fremdsprache zu bewegen.

Machen Sie sich vor der Konzeption der Prüfung und der Definition Ihrer Leistungserwartungen klar, auf welchem Niveau sich Ihre Schüler im jeweiligen Lernjahr bewegen müssten, und legen Sie die Bewertungskriterien entsprechend an.

[13] Gemeint ist hier, dass sich die Schüler in unteren Klassenstufen allgemein noch nicht so differenziert ausdrücken können wie in den höheren Klassen, unabhängig davon, ob dies in einer Fremdsprache geschieht oder in der Muttersprache.

Tipp aus der Praxis:

Hilfe bei der Erstellung eines Bewertungsbogens mit Bezug auf die Vorgaben des GER finden Sie unter *www.standardsicherung.schulministerium.nrw.de/cms/muendliche-kompetenzen-entwickeln-und-pruefen/angebot-sekundarstufe-i/*. Hier erhalten Sie einen Link zu einem ausführlichen Bewertungsraster einer mündlichen Sprachenprüfung.

Bewertungsstrategien

Prüfen Sie bei einer mündlichen Prüfung grundsätzlich **im Team mit mindestens zwei Mitgliedern, möglichst Fachkollegen**. So kann sich ein Prüfer auf das Prüfungsgeschehen konzentrieren (und lediglich wenige Notizen machen), während der Zweitprüfer genauer **Protokoll** führt. **Direkt nach der Prüfung** füllen Sie gemeinsam den **Bewertungsbogen** aus. So können Sie direkt feststellen, ob Ihre Einschätzung zu einem bestimmten Prüfungsteil auch von Ihrem Kollegen geteilt wird, und Sie können frische Eindrücke sofort festhalten und notieren, um zu verhindern, dass Sie nach Abnahme von mehreren Prüfungen irgendwann nicht mehr klar zuordnen können, welcher Schüler welche Leistung erbracht hat.

Tipp aus der Praxis:

Wenn Sie den Bewertungsbogen konzipieren, legen Sie fest, welche inhaltlichen, sprachlichen und präsentationstechnischen Kompetenzen Sie bewerten werden. Vergeben Sie je Kompetenz maximal 3 bis hin zu 0 Punkten (3 P. = Leistungserwartungen voll erfüllt, 2 P. = oft erfüllt, 1 P. = selten erfüllt, 0 P. = nicht erfüllt) und kreuzen Sie nur die entsprechenden Kästchen an. Dies erleichtert nicht nur das Addieren der Punkte, sondern es ergibt sich bereits bei einem einfachen Blick auf den Bewertungsbogen, ob die Leistung eher gut (3 oder 2 Punkte) oder eher schlecht (1 oder 0 Punkte) gewesen ist.

Ein **Beispiel für einen Bewertungsbogen** zu einer mündlichen Prüfung im Fach Deutsch für eine 7. Klasse der Realschule in NRW finden Sie auf der folgenden Seite. Die Aufgabenstellung für die Schüler lautete: „Stelle in 10–12 Minuten einen Sportler deiner Wahl vor und ergänze deinen Vortrag durch eine Mindmap, die du im Unterricht angefertigt hast."

Bewertungsbogen zur mündlichen Prüfung Deutsch

Name: Emilia **Klasse:** 7d

Prüfer: Meyer/Schmitz **Datum:** 1.6.2017

Inhaltliche und sprachliche Leistung	3 P.	2 P.	1 P.	0 P.
1. Sprachliche Richtigkeit	☐	☒	☐	☐
2. Nachvollziehbarkeit (Logik)	☐	☒	☐	☐
3. Sinnvolle Strukturierung	☐	☒	☐	☐

Präsentation

1. Vortragstechnik:	3 P.	2 P.	1 P.	0 P.
Freies und betontes Sprechen	☒	☐	☐	☐
Blickkontakt	☒	☐	☐	☐
Körpersprache	☐	☒	☐	☐
2. Plakatgestaltung:				
Sauberkeit und Ordnung	☐	☒	☐	☐
Farb- und Schrifteinsatz	☐	☒	☐	☐
Fotos oder Zeichnungen	☐	☐	☒	☐

Gesamtpunktzahl: 19

Punkte	27–25	24–21	20–17	16–12	11–6	5–0
Note	1	2	3	4	5	6

Ich habe von der Note Kenntnis genommen: ____________________

Unterschrift der Eltern

Neben den Kreuzen, die Sie während der Prüfung auf dem Bewertungsbogen machen, sollten Sie auch notieren, wie oft Ihnen **sprachliche Fehler** (Grammatik, Wortwahl etc.) auffallen. Hier genügt es allerdings, wenn Sie eine **Strichliste führen**. In Sachen **Sprachkompetenz** bietet es sich außerdem an, der Bewertung die folgenden drei bzw. fünf Kompetenzbereiche zugrunde zu legen:

- **Flüssigkeit** – das ist die Kompetenz, in einem Prüfungsgespräch längere Redebeiträge zu übernehmen, ohne an sprachlichen Schwierigkeiten, wie der Verwendung des falschen Artikels oder des falschen grammatischen Falls oder dem Fehlen der Fachtermini, zu scheitern.
- **Interaktion** – das ist die Kompetenz, einem Gespräch zu folgen und sich einzubringen, wobei auch nonverbale Zeichen, wie Gesten, Blicke oder Kopfbewegungen, verstanden und eingesetzt werden.
- **Kohärenz** – das ist die Kompetenz, ein klar strukturiertes Gespräch mit zusammenhängenden Redebeiträgen zu führen.

Für fremdsprachliche Prüfungen sind außerdem wichtig:
- **Spektrum** – das ist die Kompetenz, in der Fremdsprache flüssig und differenziert ein Gespräch zu führen und dabei Sprachbesonderheiten, wie idiomatische Wendungen oder umgangssprachliche Ausdrücke, zu verwenden.
- **Korrektheit** – das ist die Kompetenz, sich in der Fremdsprache auch unter erschwerten Bedingungen grammatisch korrekt auszudrücken.

Überlegen Sie bei Ihrer Bewertung der sprachlichen Leistung (bzw. bereits vorab beim Festlegen der Erwartungen) immer, welche allgemeinen Sprachkompetenzen Sie in der jeweiligen Jahrgangsstufe voraussetzen können, welche grammatischen Themen Sie z. B. bereits besprochen haben und als bekannt voraussetzen können etc., um so zu realistischen und fairen Bewertungskriterien zu kommen.

Organisation einer mündlichen Prüfung

Trotz der verstärkten Konzentration auf mündliche Kompetenzen sind mündliche Prüfungen auch heutzutage **noch immer etwas Besonderes im Schulalltag** – sowohl für die Schüler als auch für die Lehrer und die Organisatoren innerhalb der Schule. Deshalb ist es nötig, die Prüfungen langfristig zu planen, um möglichst viele Stolperfallen im Vorfeld auszuschließen und einen optimalen Prüfungsablauf für alle Teilnehmer zu gewährleisten. Natürlich gewinnen alle Beteiligten irgendwann an Routine, wenn regelmäßig mündliche Prüfungen durchgeführt werden, doch für die Anfänge finden Sie auf den folgenden Seiten zwei **Checklisten zur Durchführung einer mündlichen Prüfung**, die Ihnen die Arbeit erleichtern sollen. In der ersten Checkliste „Allgemeines" finden Sie wichtige Einzelaspekte, Organisatorisches und allgemeine Tipps, während in der zweiten Liste „Zeitplanung" alle terminlichen Informationen rund um die Prüfungsvorbereitung, um den Prüfungstag und die Nachbereitung der Prüfung zusammengefasst werden.

Checkliste mündliche Prüfung I: Allgemeines 1/2

☐	**Terminierung der Prüfung**	Die Prüfungen finden meist während des Unterrichts statt und bedürfen besonderer Planung an den Prüfungstagen, z. B. in Sachen Vertretungsplan. → Termine frühzeitig mit allen Beteiligten absprechen! (vgl. auch „Checkliste mündliche Prüfung II: Zeitplanung“)
☐	**Festlegung Einzel-, Partner- oder Gruppenprüfung**	Es können Einzel-, Partner- oder Gruppenprüfungen durchgeführt werden. Bei Gruppenprüfungen werden drei bis fünf Schüler gleichzeitig geprüft. Die Gruppen stellt der Fachlehrer zusammen, wobei auf ein möglichst einheitliches Leistungsniveau der Schüler geachtet werden sollte.
☐	**Festlegung der Prüfungsdauer**	Die Prüfungsdauer hängt von der Jahrgangsstufe und der Anzahl der Prüflinge pro Gruppe ab. Schüler der Klassen 5–7 haben erfahrungsgemäß bereits Probleme, 5 Minuten frei zu reden, hier sollte die Prüfungsdauer also niedriger angesetzt werden. Schülern ab Klasse 9 können oft schon 7–10 Minuten zugemutet werden. In Partnerprüfungen verdoppelt sich die Prüfungszeit, während in Gruppenprüfungen aus organisatorischen Gründen nicht 100 % Prüfungszeit pro zusätzlichem Schüler aufgeschlagen werden, sondern etwas weniger.
☐	**Zusammenstellung des Prüferteams**	Sinnvollerweise sollte ein Prüferteam aus zwei Fachlehrern (= Prüfer und Protokollant) bestehen. → Frühzeitig klären, welcher Kollege sich als Co-Prüfer zur Verfügung stellt!
☐	**Organisation von Zeitplan, Räumen und Aufsichten**	Vorbereitungszeiten müssen eingeplant und dafür ein Raum und eine Aufsicht organisiert werden (vgl. hierzu auch „Checkliste mündliche Prüfung II: Zeitplanung“) – Achtung: Bei mehreren Prüfungen mit identischen Aufgaben muss auch eine Beaufsichtigung nach der Prüfung organisiert werden!
☐	**Erstellen der Prüfungsaufgaben in mehreren Teilen**	• Die Aufgaben sollten sich an den zuvor festgelegten Leistungserwartungen orientieren. • Es ist sinnvoll, mehrere Prüfungsteile einzuplanen, z. B. Vortrag zu einem Thema, Dialog und Diskussion, um sowohl Präsentations- und Vortragstechniken als auch Kommunikation der Prüflinge untereinander oder mit dem Prüfer differenziert bewerten zu können. • Zwei oder mehr aufeinanderfolgende Prüflinge/Gruppen können identische Prüfungsaufgaben bekommen, wenn die Beaufsichtigung der bereits Geprüften sichergestellt ist (die Vorbereitungszeit durch den Fachlehrer wird dadurch geringer, gleichzeitig ist es einfacher, ein einheitliches Anforderungsniveau zu gewährleisten).

Checkliste mündliche Prüfung I: Allgemeines 2/2		
☐	**Erstellen des Bewertungsbogens**	Der Bewertungsbogen mit konkreten Kriterien wird entworfen und mit dem Zweitprüfer besprochen, um ggf. noch sinnvolle Ergänzungen aufnehmen zu können.
☐	**Klärung des Vorgehens bei Erkrankung eines Schülers**	Bei akuter Erkrankung/Fehlen eines Schülers entscheidet der Fachlehrer darüber, wie/ob die Prüfung nachgeholt wird. Genau wie bei den schriftlichen Klassenarbeiten kann es aber schulinterne Beschlüsse geben. → Vorab Handhabung in der Fachschaft abklären!
☐	**Zusammenstellung der Prüfungsunterlagen**	Materialien vorbereiten, z. B. Aufgabenblätter, Bewertungsbögen etc. kopieren
☐	**Ausfüllen des Bewertungsbogens**	Erfolgt während/unmittelbar nach der Prüfung durch den Protokollanten und den Prüfer; anschließend erfolgt unter den Prüfern eine kurze Besprechung des Bogens. → Zwischen zwei Prüfungen genügend Zeitpuffer einplanen!
☐	**Dokumentation**	Ausgefüllte Bewertungsbögen kopieren und zur Information und Unterschrift der Eltern mitgeben; Originale und Kopien mit Unterschriften gehen zu den Akten.

Checkliste mündliche Prüfung II: Zeitplanung

☐	**zu Beginn des Schuljahres**	• Festlegung des vorläufigen Prüfungstermins sowie der Themenbereiche in der ersten Fachkonferenz und Eintragung des Termins in die schulinterne Planung (wird die gesamte Jahrgangsstufe geprüft, benötigen Sie je nach Größe und Anzahl der Prüfungsteams 3–5 Tage; wird nur eine Klasse geprüft, benötigen Sie je nach Klassengröße 1–2 Tage). • Ankündigung der geplanten mündlichen Prüfung bei den Schülern durch den Fachlehrer
☐	**zu Beginn der Unterrichtsreihe**	Formulierung eines Elternbriefs vom Fachlehrer, alternativ: Elternbrief durch den Klassenlehrer
☐	**ca. 6 Wochen vor der Prüfung**	• erste Besprechungen innerhalb des Prüferteams und in der Lerngruppe zu Prüfungsablauf, -themen, Bewertungskriterien und Arbeitsaufträge • im Anschluss daran ausführliche Übungsphase mit Anwendung der Bewertungskriterien durch Schüler und Lehrer • Konkretisierung der Prüfung durch Besprechungen innerhalb des Prüfungsteams bzgl. Prüfungsthemen, Bewertungskriterien und Bewertungsbögen
☐	**ca. 1 Woche vor der Prüfung**	• Organisation des Vorbereitungsraums mit Aufsicht (und Aufsicht nach der Prüfung bei identischen Prüfungsaufgaben) • letzte Information an den Stundenplaner wegen der Vertretung • letzte Besprechungen zu Themen und Bewertungsbögen • Kopieren der Arbeitsmaterialien für die Schüler und der Bewertungsbögen
☐	**1 Tag vor der Prüfung**	letzte Kontrolle: • Liegt das Arbeitsmaterial (Aufgabenblätter, Fremdsprachenlexika etc.) im Vorbereitungsraum bereit? • Sind die Bewertungsbögen in ausreichender Anzahl kopiert?
☐	**während der Prüfung**	Durchführung der Prüfung mit anschließender kurzer Besprechung innerhalb des Prüfungsteams. Notenbekanntgabe und individuelle Besprechung erfolgen erst nach Abschluss aller Prüfungen in der nächsten Unterrichtsstunde (da diese genauer terminiert werden kann als eine Bekanntgabe nach Ende der Prüfungen).
☐	**nach der Prüfung**	Abschließend erfolgt eine Evaluation sowohl innerhalb der Lerngruppe als auch innerhalb des Prüfungsteams.

Besonderheiten bei Lernstandserhebungen und Zentralen Prüfungen

■ Lernstandserhebungen der Klasse 8

Seit mehreren Jahren werden in allen Bundesländern in der Sek I in der 8. Klasse die sogenannten Lernstandserhebungen durchgeführt (vergleichbar mit den Vergleichsarbeiten – kurz: VERA – der 3. Klasse an den Grundschulen). Dies sind besondere Tests, die im zweiten Halbjahr, meist direkt zu Beginn des Halbjahres im Februar oder März, in den klassischen Hauptfächern **Deutsch** und **Mathematik** und in der **ersten Fremdsprache** – das ist je nach Schule Englisch oder Französisch – durchgeführt werden. Die Aufgaben dafür werden von Lehrern des gesamten Bundesgebiets gemeinsam mit Wissenschaftlern entwickelt und getestet. Die wissenschaftliche Leitung hat das Institut zur Qualitätsentwicklung im Bildungswesen in Berlin[14]. Mit diesen Tests soll die **allgemeine fachliche Kompetenz**, also eigentlich das grundlegende Wissen und verschiedene Fähigkeiten, dieses Wissen auf unterschiedlichste Weise anzuwenden, **überprüft und verglichen** werden. So formuliert die nordrhein-westfälische Qualitäts- und Unterstützungsagentur – Landesinstitut für Schule das Ziel dieser Vergleichsarbeiten wie folgt: „Lernstandserhebungen stellen als Diagnoseinstrument eine wichtige Grundlage für eine systematische Unterrichtsentwicklung dar. Sie bieten den Lehrerinnen und Lehrern Informationen, über welche Kenntnisse, Fähigkeiten und Fertigkeiten die Schülerinnen und Schüler einer Lerngruppe verfügen und inwieweit in den untersuchten Teilbereichen die fachlichen Anforderungen der nationalen Bildungsstandards und der Lehrpläne erfüllt wurden."[15] Wichtig für die Lernstandserhebungen ist also die **diagnostische Leistung der Tests**. Nachdem Sie die Ergebnisse anhand des vom jeweiligen Schulministerium vorgegebenen Lösungshefts mit allen Lösungen, Erläuterungen und Korrekturhinweisen ausgewertet und anonymisiert über eine Datenmaske gemeldet haben, werden diese zentral ausgewertet. Nach einigen Monaten erhalten Sie eine detaillierte Rückmeldung über den Leistungsstand Ihrer Lerngruppe im Vergleich zu den geforderten Standards sowie bei Bedarf methodische und didaktische Hinweise und Ergänzungen, um die Lernsituation zu verbessern und diesen Leistungsstand an die Vorgaben anzugleichen.

---

[14] *www.iqb.hu-berlin.de*

[15] Quelle: Qualitäts- und Unterstützungsagentur – Landesinstitut für Schule in Nordrhein-Westfalen, *www.schulentwicklung.nrw.de/lernstand8/allgemeine-informationen/allgemeine-informationen.html*

Da die Inhalte dieser Tests zentral vorgegeben werden und damit von den Lehrplänen in den einzelnen Bundesländern und Schulformen teilweise abweichen, stellen die Lernstandserhebungen **keine mit einer Klassenarbeit vergleichbare Leistung** dar. Die Ergebnisse dieser Lernstandserhebungen **fließen** somit auch **nicht in die Noten der Schüler ein**.

Sonderbestimmungen regeln die Bewertung von Prüfungsleistungen von Schülern mit einer Lernschwäche, einem besonderen Förderschwerpunkt oder auch von geflüchteten Jugendlichen, die erst wenige Monate in Deutschland die Schule besuchen. Erkundigen Sie sich für diese Fälle nach den genauen Vorgaben in Ihrem Bundesland. Besonders die Situation der Flüchtlingskinder ist in vielen Schulfragen noch nicht abschließend geklärt. Wenn Sie Flüchtlingsschüler in Ihrer Lerngruppe haben, sollten Sie sich also regelmäßig über die augenblicklich geltenden Richtlinien informieren.

■ Zentrale Prüfungen der Klasse 10

Neben den VERA in Klasse 3 und den Lernstandserhebungen in Klasse 8 wird seit mehreren Jahren bundesweit auch in der Jahrgangsstufe 10 (im April/Mai) eine besondere Lernstandserhebung durchgeführt: die Zentralen Prüfungen (kurz: ZP; in einigen Bundesländern auch „Zentrale Abschlussprüfungen" – kurz: ZAP – oder „Zentrale Abschlussarbeiten" – kurz: ZAA – genannt; ebenso gibt es an einigen Gesamtschulen und Gymnasien die Bezeichnung „Vergleichsklausuren") in den Fächern **Deutsch, Mathematik und (meist) Englisch**[16]. Diese Prüfungen enthalten gleiche Aufgaben und gleiche Bewertungskriterien für alle Schüler der Haupt- und Realschulen sowie der Gesamtschulen (Gymnasialschüler hingegen bekommen eigene Angaben). Die Aufgaben werden wie bei den Lernstandserhebungen der Klasse 8 zentral vom Berliner Institut zur Qualitätssicherung im Bildungswesen unter Mitwirkung von Lehrern und Wissenschaftlern aus dem gesamten Bundesgebiet gestellt, aber dezentral bewertet. Die Zentralen Prüfungen wurden eingeführt, um eine **Vergleichbarkeit innerhalb der unterschiedlichen Schulformen und der unterschiedlichen Bildungsabschlüsse** zu erreichen und gleichzeitig zu erkennen, wo **Defizite im Schulsystem** bestehen, die sich auf die Kompetenzen und auf den Lernstand der Schüler auswirken. Basierend auf diesen Erkenntnissen, soll dann im Schulsystem nachgebessert werden, um einen einheitlich hohen Bildungsstand in den unterschiedlichen Schulformen zu erreichen.

[16] In Sachsen gibt es zusätzlich zu den schriftlichen Prüfungen in den genannten Fächern eine weitere schriftliche Prüfung in den Naturwissenschaften, eine mündliche Prüfung und eine Kompetenzprüfung (= Präsentation), die zu einem Drittel in die Jahresnote einfließt (Quelle: Sächsisches Staatsministerium für Kultus, *www.schule.sachsen.de/1791.htm*).

Grundlage aller ZP bilden die **Kompetenzerwartungen**, die sich aus den Kernlehrplänen der Fächer ergeben, sowie die von den Schulministerien auf den jeweiligen Bildungsservern zur Verfügung gestellten **Zusatzmaterialien**, die u. a. Beispielaufgaben sowie konkrete Unterrichtshinweise enthalten. Somit sind die **Leistungserwartungen** für die Prüfungen sehr klar umrissen und Sie können Ihre Lerngruppe zielgerichtet auf die ZP vorbereiten.

Tipp aus der Praxis:

Das Zusatzmaterial umfasst neben Hinweisen und Beispielaufgaben zu den geforderten Themenbereichen und Kompetenzen auch immer die Prüfungsaufgaben der letzten Jahre. Mithilfe dieser Aufgaben können Sie eine „Probeprüfung" als Klassenarbeit schreiben lassen und so die Schüler schon an die Prüfungssituation und auch an die Bewertung gewöhnen.

Art und Umfang der ZP sind von Bundesland zu Bundesland unterschiedlich. So werden in Nordrhein-Westfalen z. B. die Fächer Deutsch, Mathematik und Englisch nur schriftlich geprüft, während in Berlin und Brandenburg zusätzlich eine mündliche Gruppenprüfung in einer Fremdsprache, die ab der Klasse 7 unterrichtet wird, stattfindet. In Baden-Württemberg gehört neben den drei o. g. schriftlich zu überprüfenden Hauptfächern zusätzlich eine fächerübergreifende Kompetenzprüfung, die als Gruppenprüfung in einer Kleingruppe vorbereitet und durchgeführt wird, zu den Prüfungsleistungen.

Tipp aus der Praxis:

Wenn Sie in ein anderes Bundesland umziehen und die Schule wechseln, erkundigen Sie sich in den jeweiligen Fachschaften, welche Fächer dort geprüft werden und wie die Vorbereitungen auf diese Prüfungen an Ihrer Schule vorgenommen werden.

Jede Schule erhält kurz vor den Prüfungsterminen nicht nur die Aufgaben zu den einzelnen Prüfungen, sondern auch die **verbindlichen Auswertungsanleitungen**. Diese dürfen nicht geändert oder angepasst werden. Auch eine **Punktetabelle** wird den Korrektoren zur Verfügung gestellt, in der sie ablesen können, mit welcher Punktzahl welche Note erreicht wird.

Während bei den Lernstandserhebungen in der Klasse 8 die in der Prüfung erbrachte Leistung nicht in die Note einfließen darf, kommt der **Note in der ZP** eine besondere Bedeutung zu, denn sie **wird Teil der Note des Abschlusszeugnisses**. In Nordrhein-Westfalen macht das Ergebnis der ZP bspw. 50% der Abschlussnote aus, die anderen 50% setzen sich aus den Noten des gesamten Schuljahres zusammen.

Erkundigen Sie sich, wie in Ihrem Bundesland die jeweiligen Zentralen Prüfungen ablaufen, welche Fächer geprüft werden und welche Art der Prüfung auf Sie zukommt. Hier sind die Bildungsserver der Bundesländer neben den jeweiligen Fachschaften eine wichtige Informationsquelle (siehe Links in den Medientipps ab S. 156).

Bewertungsstrategien für Lernstandserhebungen und Zentrale Prüfungen

Die Bewertung der vergleichenden Prüfungen, wie die VERA in Klasse 3, die Lernstandserhebungen in Klasse 8 und die ZP in Klasse 10, ist einerseits leicht, weil **strikte Bewertungskriterien vorgegeben** sind, andererseits schwierig, weil in einigen Fällen ein **Punktespielraum** vorgegeben wird (v.a. in Deutsch und in den Fremdsprachen), der vom korrigierenden Lehrer selber gefüllt werden kann. Um hier wieder eine einheitliche Bewertung aller Prüfungsarbeiten wenigstens der eigenen Schule herzustellen, müssen Sie vor der Korrektur innerhalb der jeweiligen Fachschaft **zwei schulinterne Korrekturkriterien** selbst festlegen:

- Fehlerquotient im Bereich Rechtschreibung und Zeichensetzung
- Mindestanforderungen bei der Punktevergabe

Sprechen Sie sich mit den Kollegen, die in Ihrem Fach ebenfalls korrigieren, ab und legen Sie diese Kriterien fest. Fixieren Sie diese auch schriftlich, damit Sie bei der eigentlichen Korrektur immer wieder nachschlagen können und bei eventuellen Einsprüchen gegen die Bewertung eine Rechtfertigung für Ihre Punktevergabe haben.

Tipp aus der Praxis:

Legen Sie bei der Korrektur der Arbeiten auf Ihrem Schreibtisch am besten das Lösungsheft, die verbindlichen Korrekturanleitungen sowie evtl. schulintern abgesprochene Bewertungskriterien direkt neben das Schülerheft.

So sehen Sie schnell, welche Lösungen richtig, teilweise richtig oder falsch sind, welche Antworten angekreuzt werden müssen oder welche Vorgaben bei Antworten, die frei formuliert werden mussten, gegeben werden und wie viele Punkte Sie jeweils vergeben können.

Bei der Korrektur der Lernstandserhebungen gilt in der Regel das **Vier-Augen-Prinzip**, d. h., dass der in der Lerngruppe unterrichtende Fachlehrer die Erstkorrektur übernimmt und der Zeitkorrektor die Kontrollkorrektur übernimmt. Beide richten sich dabei nach den verbindlichen Korrekturanleitungen. Jeder füllt den vorgegebenen **Korrekturbogen** aus, notiert dort, welche Punkte er für die einzelnen Prüfungsaufgaben gegeben hat, und unterzeichnet dies mit seinem Kürzel.
Denken Sie bei der **Bewertung der ZP** daran, dass der Erstkorrektor die **Prüfungsnote** vorschlägt und der Zweitkorrektor dieser Bewertung, eventuell erst nach einer Besprechung, zustimmen muss. Sollte keine Einigung erfolgen, entscheidet ein Dritter, der meist aus den Reihen der Schulleitung kommt.

Tipp aus der Praxis:

Sprechen Sie sich innerhalb des Korrekturteams möglichst eng ab. Teilen Sie dem Zweitkorrektor z. B. mit, welche Arbeiten er besonders gründlich anschauen soll, weil der Schüler auffällig besser oder schlechter als in den Vornoten bewertet abgeschnitten hat, weil er eventuell in eine Nachprüfung rutschen könnte oder weil er in der Endnote nur knapp eine bessere bzw. schlechtere Note verpasst.

3

Bewertungen von Sonstigen Leistungen im Unterricht

Was sind „Sonstige Leistungen im Unterricht"?

Beim Thema „Bewerten" lassen sich nur wenige Punkte klar definieren. Das gilt auch für die Frage: Was wird überhaupt alles bewertet? Besondere Schwierigkeiten gibt es dabei im Bereich „Sonstige Leistungen im Unterricht". Grundsätzlich sind damit **alle Leistungen** der Schüler gemeint, **die nicht im Rahmen einer Klassenarbeit oder einer ähnlich gewichteten Prüfung erbracht** und dann von Ihnen beobachtet, analysiert und bewertet **werden**. Aber was genau zählt im Einzelnen zu den „Sonstigen Leistungen im Unterricht"? Die Informationen der Schulministerien der verschiedenen Bundesländer geben Ihnen hierüber Auskunft – informieren Sie sich für Ihren speziellen Fall bitte auf den entsprechenden Seiten im Internet.

Um aber vorab ein Verständnis zu schaffen und einen **Überblick** zu vermitteln, **was alles zu den „Sonstigen Leistungen im Unterricht" gehören kann**, seien im Folgenden als Beispiel die Beschreibungen des Schulministeriums Nordrhein-Westfalen für die Sek I im Fach Deutsch (Gymnasium) und für die Sek II im Fach Mathematik (Gesamtschule/Gymnasium) aufgeführt:

Kernlehrplan
für den verkürzten Bildungsgang des Gymnasiums – Sekundarstufe I (G8) in Nordrhein-Westfalen
Deutsch
1. Auflage 2007[17]

[...]

Sonstige Leistungen im Unterricht
Im Beurteilungsbereich „Sonstige Leistungen im Unterricht" kommen neben den in Kapitel 4 ausgewiesenen schriftlichen Aufgabentypen auch die mündlichen Aufgabentypen zum Tragen. Dabei ist im Verlauf der Sek I auch in diesem Beurteilungsbereich sicherzustellen, dass Formen, die im Rahmen der zentralen Prüfungen – z. B. auch in mündlichen Prüfungen – von Bedeutung sind, frühzeitig vorbereitet und geübt werden.
Zu den Bestandteilen der „Sonstigen Leistungen im Unterricht" zählen u. a. Beiträge zum Unterricht, von der Lehrkraft abgerufene Leistungsnachweise wie die schriftliche Übung, aber auch im Rollenspiel oder in

[17] Quelle: Qualitäts- und Unterstützungsagentur – Landesinstitut für Schule, *www.schulentwicklung.nrw.de/lehrplaene/lehrplannavigator-s-i/gymnasium-g8/deutsch-g8/kernlehrplan-deutsch/leistungsbewertung/*

einer Präsentation von der Schülerin oder dem Schüler vorbereitete, in abgeschlossener Form eingebrachte Elemente zur Unterrichtsarbeit wie Protokoll, Referat u. a. m.
Der Bewertungsbereich „Sonstige Leistungen im Unterricht" erfasst die Qualität und die Kontinuität der mündlichen und schriftlichen Beiträge im unterrichtlichen Zusammenhang. Mündliche Leistungen, wie sie in den Aufgabenschwerpunkten „Sprechen", „Gestaltend sprechen/szenisch spielen" und „Gespräche führen" aufgelistet sind, werden durch Beobachtung während des Schuljahres festgestellt. Dabei ist zwischen Lern- und Leistungssituationen im Unterricht zu unterscheiden.
Gemeinsam ist den zu erbringenden Leistungen, dass sie in der Regel einen längeren, zusammenhängenden Beitrag einer einzelnen Schülerin oder eines einzelnen Schülers oder einer Schülergruppe darstellen, der je nach unterrichtlicher Funktion, nach Unterrichtsverlauf, Fragestellung oder Materialvorgabe einen unterschiedlichen Schwierigkeitsgrad haben kann. Auch für die Bewertung dieser Leistungen ist die Unterscheidung in eine Verstehensleistung und eine vor allem sprachlich repräsentierte Darstellungsleistung hilfreich und notwendig.

Kernlehrplan
für die Sekundarstufe II – Gymnasium/Gesamtschule in Nordrhein-Westfalen

Mathematik

1. Auflage 2014[18]

[...]

Beurteilungsbereich „Sonstige Leistungen im Unterricht/Sonstige Mitarbeit"
[...] Zu den Bestandteilen der „Sonstigen Leistungen im Unterricht/Sonstigen Mitarbeit" zählen u. a. unterschiedliche Formen der selbstständigen und kooperativen Aufgabenerfüllung, Beiträge zum Unterricht, von der Lehrkraft abgerufene Leistungsnachweise, wie z. B. die schriftliche Übung, von der Schülerin oder dem Schüler vorbereitete, in abgeschlossener Form eingebrachte Elemente zur Unterrichtsarbeit,

[18] Quelle: Qualitäts- und Unterstützungsagentur – Landesinstitut für Schule, *www.schulentwicklung.nrw.de/lehrplaene/lehrplannavigator-s-ii/gymnasiale-oberstufe/mathematik/mathematik-klp/leistungsbewertung/*

die z. B. in Form von Präsentationen, Protokollen, Referaten, Lerntagebüchern und Portfolios möglich werden. Schülerinnen und Schüler bekommen durch die Verwendung einer Vielzahl von unterschiedlichen Überprüfungsformen vielfältige Möglichkeiten, ihre eigene Kompetenzentwicklung darzustellen und zu dokumentieren.
Der Bewertungsbereich „Sonstige Leistungen im Unterricht/Sonstige Mitarbeit" erfasst die im Unterrichtsgeschehen durch mündliche, schriftliche und ggf. praktische Beiträge sichtbare Kompetenzentwicklung der Schülerinnen und Schüler. Der Stand der Kompetenzentwicklung in der „Sonstigen Mitarbeit" wird sowohl durch Beobachtung während des Schuljahres (Prozess der Kompetenzentwicklung) als auch durch punktuelle Überprüfungen (Stand der Kompetenzentwicklung) festgestellt.

Zusammenfassend gehören also u. a. folgende Bereiche in das Bewertungsspektrum „Sonstige Leistungen im Unterricht":

- mündliche Beiträge zum Unterricht
- szenische/darstellende/vortragende Leistungen
- praktische Arbeiten, z. B. im Kunst-, Textil- oder Werkunterricht
- bildnerische Leistungen
- Versuchsvorbereitungen und -durchführungen
- Präsentationen, z. B. von naturwissenschaftlichen Experimenten
- Protokolle
- Referate mit und ohne schriftliche Ausfertigung
- Hefte und Mappen
- Portfolios
- Lern- und Lesetagebücher
- Facharbeiten
- Beteiligung an eigenverantwortlichen Arbeiten (Gruppenarbeit/Partnerarbeit, Stationenlernen, Wochenplanarbeit) mit und ohne schriftliche Ausfertigung
- Beteiligung an kooperativen Lehrmethoden
- schriftliche Übungen
- schriftliche Leistungsabfragen (Tests)
- Hausaufgaben (Achtung: nicht in allen Bundesländern!)
- schriftliche Hausaufgabenüberprüfungen
- …

So vielfältig die Sonstigen Leistungen sein können, so vielschichtig sind auch die besonderen Stolperfallen und Herausforderungen, die ihre Bewertung mit sich bringt. Um Ihnen hierbei eine Hilfestellung zu bieten, finden Sie in diesem Kapitel nähere Erläuterungen und praktische Tipps zu den wichtigsten bzw. meistverbreiteten Sonstigen Leistungen. Ganz grundsätzlich sei vorab bemerkt, dass es hilfreich ist, zwischen

- **aktiver** (= eigenständiger) **Beteiligung**, wie sie im normalen Unterrichtsgespräch oder im eigenverantwortlichen Arbeiten (EVA) bei Gruppenarbeit, Partnerarbeit, Einzelarbeit, im Stationenlernen oder bei Referaten, Präsentationen etc. erscheint, und
- **passiver** (= eingeforderte) **Beteiligung**, wie Heft- bzw. Mappenführung, schriftlichen Leistungsabfragen (Tests), Hausaufgaben und deren Überprüfungen, Facharbeiten etc.,

zu unterscheiden.

Mündliche Beiträge zum Unterricht

Die mündlichen Beiträge der Schüler – also die mündliche Beteiligung am Unterrichtsgespräch sowie Referatsleistungen – sind immer wichtig und machen in vielen Fächern einen **Großteil der Zeugnisnote** aus. In den sogenannten Hauptfächern Deutsch, Mathematik, den Fremdsprachen und den individuell gewählten Hauptfächern kommen zwar noch die schriftlichen Leistungsnachweise dazu, in manchen Nebenfächern werden Sie auch praktische Leistungsergebnisse einfordern, aber damit wird die Bedeutung der mündlichen Mitarbeit in der Schule nicht geschmälert.

■ Bewertung der Beteiligung am Unterrichtsgespräch

Egal an welcher Schulform, in welcher Klasse oder in welchem Fach Sie unterrichten, ein wichtiger Bestandteil der Schülerleistungen werden **aktive mündliche Beiträge** der Schüler in den verschiedenen Formen und Phasen des Unterrichts sein. Diese aktive Leistung der Schüler ist neben den Klassenarbeiten **mit der wichtigste Faktor für die Gesamtnote** am Ende des Halbjahres. Achten Sie darauf, dass die Bedeutung der mündlichen Beteiligung auch den Schülern von vornherein klar ist, denn wenn sie erkennen, dass sie ihre eigene Mitarbeit steuern und damit ihre Endnote wesentlich beeinflussen können, werden sie (hoffentlich) versuchen, ihre Leistung zu steigern und den Leistungserwartungen besser gerecht zu werden. Grundlegende Voraussetzung dafür ist, dass beide Seiten – also Sie und Ihre Schüler – sich vorab über die Leistungserwartungen verständigen, wobei es allerdings ein paar Stolperfallen zu beachten gibt, wie der folgende Abschnitt zeigt.

Leistungserwartungen

Eine der größten Schwierigkeiten, auf die Sie bei der Bewertung der mündlichen Beteiligung am Unterricht stoßen werden, ist die Tatsache, dass Ihre Wahrnehmung dieser Leistung im Vergleich zur Selbstwahrnehmung der Schüler teilweise stark divergieren. Für die Schüler ist das Vorlesen eines Abschnitts aus dem Buch, das Übersetzen einer Vokabel in einer Fremdsprache oder eine reine Wiederholung der gerade besprochenen Regel bereits ein wertvoller und qualitativ hoch einzuschätzender Beitrag zum Unterricht – Sie hingegen erwarten für eine gute oder gar sehr gute Beurteilung, dass ein Schüler engagiert mitarbeitet und mitdenkt und den Unterricht dadurch vorantreibt, dass er selbstständig neue Zusammenhänge herstellt, neue Sachverhalte erkennt und dafür früher Gelerntes mit neuem Wissen sinnvoll verknüpft. So sollte ein Schü-

ler im Deutschunterricht z. B. aus den gerade besprochenen Regeln zur Schreibung von Doppel-S nach einem kurz gesprochenen Vokal weiterdenken und zu der Erkenntnis kommen, dass nach einem lang gesprochene Vokal kein Doppel-S kommen darf, der S-Laut also anders geschrieben wird, und diese Erkenntnis muss der Schüler dann auch ins Unterrichtsgespräch aktiv einbringen. Diese **Diskrepanz zwischen Ihrer Leistungserwartung und der Selbsteinschätzung der Schüler** zu der eigenen Leistung, gerade auch im Hinblick auf Quantität und Qualität der Leistung, sollten Sie sich zu Beginn jedes neuen Schuljahres immer wieder bewusst machen und zur Vorbeugung **den Schülern möglichst schriftlich mit auf den Weg geben, was Sie** in Sachen mündlicher Beteiligung **von ihnen erwarten.** Diese schriftliche Fixierung Ihrer Erwartungen und der damit zusammenhängenden Notenfindung sollte **auch im Klassen- oder Kursbuch festgehalten** werden. Dies ist **bei eventuellen Widersprüchen** gegen eine Zeugnisnote besonders wichtig, da Sie so nachweisen können, dass Sie Ihre Beurteilungskriterien vorab bekannt gegeben haben – so tragen Sie dem Aspekt der Transparenz Rechnung. Das klassische Argument „Das haben wir nicht gewusst!" sollte dann nicht mehr greifen. Auch **für Elterngespräche**, z. B. am Elternsprechtag, ist es eine Erleichterung für Sie, wenn Sie Ihren Kriterienkatalog zur Beurteilung schriftlich fixiert vorlegen können oder Eltern diesen Katalog als Kopie in der Mappe des Sohnes oder der Tochter finden.
Sollten Sie die Schüler bereits gut kennen, weil Sie schon im letzten Schuljahr in der Klasse unterrichtet haben, brauchen Sie diese Leistungserwartungen nicht allzu ausführlich zu besprechen, da sie den Schülern grundlegend bekannt sein sollten. Achten Sie aber darauf, neue Schüler mit ins Boot zu holen und ihre Fragen zu dem Thema zu beantworten, und halten Sie dennoch die Besprechung des Kriterienkatalogs im Klassen- oder Kursbuch fest.

Auf der folgenden Seite finden Sie ein **Beispiel für einen Kriterienkatalog**, der die Leistungen bei der mündlichen Mitarbeit ins Notenraster einordnet. Die Leistungserwartungen sind dabei so formuliert, dass sie sich in vielen Teilen an die Formulierungen im Kriterienkatalog zum eigenverantwortlichen Arbeiten (siehe „Bewertung von eigenverantwortlichem Arbeiten" ab S. 112) anlehnen und sich daher gut vergleichen lassen.

Kriterienkatalog zur Leistungsbewertung: Mündliche Beteiligung am Unterrichtsgespräch

Note	**Leistungserwartungen** *Qualität (Quali), Quantität (Quanti), Gedächtnisleistung (GL), Problemlösungsfähigkeit (Pr)*
1	S wirkt maßgeblich an der Lösung schwieriger Sachverhalte mit. (Quali) S bringt kontinuierlich eigenständige gedankliche Leistungen zu komplexen Sachverhalten ein. (Quali) S ruft früher Gelerntes immer ab. (GL) S wendet früher Gelerntes auf neue Sachverhalte an und gelangt zu neuen Fragestellungen oder Erkenntnissen. (Pr) S meldet sich regelmäßig und beteiligt sich immer. (Quanti)
2	S stellt Zusammenhänge zu früher Gelerntem her. (Quali) S versteht auch schwierige Sachverhalte, kann sie richtig erklären und anwenden. (Pr) S arbeitet in jeder Stunde häufig und kontinuierlich mit. (Quanti) S gestaltet oft auch bei schwierigen Sachverhalten das Unterrichtsgespräch durch eigene Ideen mit. (Quali) S ruft häufig früher Gelerntes ab. (GL)
3	S ordnet den Stoff in die Unterrichtsreihe ein und wendet ihn an. (Quali) S beteiligt sich häufig. (Quanti) S entwickelt Lösungsansätze zu grundsätzlichen Fragestellungen. (Pr) S ruft oft früher Gelerntes ab. (GL)
4	S arbeitet nur selten mit und muss meist aufgefordert werden. (Quanti) S antwortet überwiegend auf einfache und reproduktive Fragen. (Quali) S kann neue Sachverhalte nur selten anwenden. (Pr) S kann auf Anfrage grundlegende Inhalte, Erkenntnisse und Zusammenhänge der letzten Stunden wiedergeben. (GL)
5	S arbeitet nur selten freiwillig mit und muss oft aufgefordert werden. (Quanti) S ist oft unaufmerksam und anderweitig beschäftigt. (Quali) S kann auch auf Anfrage grundlegende Inhalte nicht oder nur falsch wiedergeben. (Quali/Pr) S kann Gelerntes nicht auf andere Zusammenhänge übertragen. (GL/Pr)
6	S folgt dem Unterricht nicht. (Quanti/Quali/Pr/GL) S antwortet auf Nachfragen des Lehrers fast immer falsch. (Quanti/Quali/Pr/GL) S verweigert häufig die Mitarbeit. (Quanti/Quali/Pr/GL)

Ein wichtiger Faktor, den Sie bei Ihrer Bewertung der mündlichen Beiträge zum Unterricht berücksichtigen müssen, ist die **Wertigkeit der Aufgabe oder der Frage** im Unterrichtsgespräch, deren Bewältigung bzw. Beantwortung Sie bewerten wollen. Es macht einen Unterschied, ob Sie sich in einer Erarbeitungsphase befinden, in der Sie oft sehr kleinschrittig vorgehen und meist mit Wiederholungsfragen arbeiten, die aus dem unmittelbaren Unterrichtszusammenhang heraus beantwortet werden können, oder ob Sie eine vielschichtige Erarbeitungsphase durchführen, in der Sie auf Erlerntes zurückgreifen, das bereits zwei Tage, zwei Wochen, zwei Monate oder sogar zwei Jahre zurückliegt. Je größer dieser Zeitraum wird, umso schwieriger wird es für die Schüler, sich zu erinnern, das Wissen abzurufen und korrekt anzuwenden, und desto positiver sollte Ihre Bewertung ausfallen, wenn einem Schüler dies gelingt.
Häufig geht es in der Fragestellung nur um reine Wissensfragen, die ein gutes Gedächtnis voraussetzen. Diese Wissensfragen sind oftmals recht leicht zu beantworten, auch wenn damit „altes" Wissen abgefragt werden sollte. Die Fähigkeit eines Schülers, Probleme und Sachverhalte zu erkennen, Verknüpfungen herzustellen und eventuell sogar eigenständig Lösungen zu finden, ist dagegen als komplexere Leistung einzustufen. Diese Fähigkeit zum Problemlösen ist höher einzuschätzen als eine reine Wiederholungsleistung, und wenn das Problemlösen auch noch mit einer gelungenen Gedächtnisleistung einhergeht, sollte die Leistung noch einmal höher bewertet werden. Solche Schülerbeiträge bringen den Unterricht besonders voran, geben sie doch auch den Mitschülern so manchen Denkanstoß.
Sie sollten also stets folgende Fragestellungen bei Ihren Bewertungen zugrunde legen:

- Ist die erbrachte Leistung eine Wiederholung aus aktuellen oder aus vergangenen Unterrichtsinhalten?
- Ist die erbrachte Leistung eine Problemlösung aus aktuellen oder aus vergangenen Unterrichtsinhalten?

Grundsätzlich müssen Sie bei der Bewertung der mündlichen Mitarbeit auch die **Kompetenzentwicklung** des jeweiligen Schülers und, damit zusammenhängend, die **unterschiedliche Gewichtung der verschiedenen Kompetenzen** berücksichtigen. Eine Kompetenz, die der Schüler bereits erlernt hat, können Sie als bekannt voraussetzen und voll mitbewerten, bei einer Kompetenz, die die Klasse gerade erst erlernt, sollten Sie hingegen weniger streng sein, denn es ist völlig normal, dass ihre Anwendung noch fehlerhaft oder unvollständig ist – und deshalb darf dies zu Beginn noch nicht so sehr ins Gewicht fallen. Machen Sie sich also immer bewusst, welche Kompetenzen Sie bereits voraussetzen können und welche nicht, um Ihre Beurteilung entsprechend zu gewichten. Denken Sie bei der Aufstellung Ihrer Kompetenzerwartungen außerdem daran, dass die Kompetenzen nicht nur aus Wissen bestehen, sondern unter anderem auch das Verständnis, was dieses Wissen bedeutet und wann und wo es angewandt werden kann, sowie das praktische Anwenden des Erlernten umfassen (inkl. der dafür benötigten Methoden-, Medien-, Sozialkompetenz etc.). So nützt es z. B. keinem Schüler, wenn er die binomischen Formeln „vorbeten" kann, er muss auch erkennen, in welcher Situation er sie anwenden kann, und deren Anwendung beherrschen.

Bewertungsstrategien

Wie bereits erläutert, kommt der Bewertung der mündlichen Beteiligung am Unterricht im Hinblick auf die Notenfindung eine sehr große Bedeutung zu. Deshalb gilt es hier, ganz besonders genau hinzuschauen und für die Beobachtung der Schüler eine passende Strategie zu wählen.

Bei der Notengebung für die mündliche Mitarbeit bieten sich **zwei unterschiedliche Verfahren** an – am besten probieren Sie beide eine Zeit lang aus und entscheiden sich dann für die Strategie, die am besten zu Ihnen und Ihrer Arbeitsweise passt.
Zum einen können Sie **nach jeder Stunde für jeden Schüler eine Note** in Ihr Notenheft eintragen. Dies hat den **Vorteil**, dass Sie wirklich zu jeder Stunde eine Information haben und somit als Grundlage für Ihre Endbenotung, aber z. B. auch für ein Elterngespräch am Elternsprechtag ein sehr genaues Bild des Leistungsspektrums des Schülers erhalten. Darüber hinaus ist eine Bewertung direkt nach einer Stunde immer einfacher und treffender, weil Sie die jeweils erbrachten Leistungen Ihrer Schüler noch sehr genau im Gedächtnis haben.
Der **Nachteil** dabei ist jedoch, dass Sie sich wirklich jeden Tag Zeit nehmen müssen, um diese Informationen zusammenzutragen. Im hektischen Schulalltag ist dies manchmal gar nicht zu schaffen. Besonders in Korrekturzeiten schiebt man diese tägliche Arbeit gern auf mit dem Gedanken: „Ich weiß auch morgen noch, was heute passiert ist." – allerdings wird dann aus morgen auch schnell übermorgen und die Erinnerungen an die verschiedenen Stunden verwaschen, was das Prinzip dieses Verfahrens natürlich untergräbt.
Die zweite Möglichkeit sind **wöchentliche Leistungsbewertungen der Schüler**. Diese Einträge sollten immer direkt dann erfolgen, nachdem Sie die Schüler zum letzten Mal in der Schulwoche unterrichtet haben. Lassen Sie dann die Woche Revue passieren und notieren Sie für jeden Schüler eine Durchschnittsnote für die Wochenleistung. Der **Vorteil** dieser Methode ist, dass Sie nicht jeden Tag kleine „Zeithäppchen" für die Benotung aufbringen müssen, sondern diese Arbeit etwas bündeln können. Mit ein wenig Übung kommen Sie so recht zügig voran. Außerdem verteilt sich der Arbeitsaufwand der Bewertung für alle Klassen auf die ganze Woche, wobei er wahrscheinlich zum Wochenende hin

höher sein wird als am Wochenbeginn. Der **Nachteil** hingegen ist, dass Sie manchmal wirklich drei oder vier Tage zurückdenken müssen und die Erinnerung an die einzelne Stunde nicht mehr so präsent ist, wie sie bei den täglichen Bewertungen wäre. Ein weiterer Nachteil ergibt sich, wenn Sie mehrere Fächer in derselben Klasse (evtl. sogar am selben Tag) unterrichten. Dann kann schon einmal eine gute Mitarbeit im Geschichtsunterricht dem Deutschunterricht zugeordnet werden, weil Sie nur noch im Kopf haben, dass Marc am Dienstag sehr gut mitgearbeitet hat.

Tipp aus der Praxis:

Egal welche Bewertungsmethode Sie für die Notengebung zur mündlichen Mitarbeit vorziehen – es hat sich als grundsätzlich hilfreich erwiesen, sich ein **zusätzliches Notizbuch** anzulegen. Dort notieren Sie noch am selben Tag **Besonderheiten oder außergewöhnliche Ereignisse** in Ihrem Unterricht: Welcher Schüler ist durch besondere Leistungen positiv oder auch negativ aufgefallen? Welcher Schüler hat oft gestört? Wurde evtl. sogar jemand der Klasse verwiesen und hat dazu einen Eintrag ins Klassenbuch bekommen? Welcher Schüler fehlte oder verspätete sich?

Diese Notizen sind schnell gemacht und können im Elterngespräch oder bei einem Einspruch gegen eine Zeugnisnote als Ergänzung zu Ihren täglichen oder wöchentlichen Noten im Notenbuch herangezogen werden.

Außerdem können Sie hier auch kurze **Notizen zu Gesprächen mit Eltern oder Elternbriefen** vermerken. Dies erleichtert die Information der Kollegen, der Stufenkoordinatoren und der Schulleitung z. B. in Erprobungsstufen- oder Zeugniskonferenzen.

Grundsätzlich sollten Sie bei Ihren Bewertungen der mündlichen Mitarbeit immer Folgendes berücksichtigen: Als Lehrer haben Sie – wie bereits in Kapitel 1 erläutert – die sogenannte **Holpflicht**, die besagt, dass Sie verpflichtet sind, die Leistung der Schüler auch dann zu holen, wenn sie diese Leistung nicht erkennbar anbieten. Anders ausgedrückt: Sie müssen den Schüler während des Unterrichts nach seinem Wissen, seiner Einschätzung, seinem Urteil etc. fragen, auch und besonders dann, **wenn er** sich nicht meldet, er also seine Leistung nicht

anbietet und er damit **seiner Bringschuld nicht nachkommt**. Sie müssen von sich aus aktiv auf den Schüler zugehen und seine Leistung einfordern, sie „abholen".
Die meisten Schüler stöhnen natürlich, wenn Sie sie drannehmen, obwohl sie sich nicht gemeldet haben, und empfinden es als unfair, sie so „vorzuführen" (dahinter steht der Gedanke: „Wenn ich mich nicht melde, ist doch klar, dass ich die Antwort nicht weiß."). Allerdings hat die Holpflicht für manche Schüler auch **Vorteile**. Diese Schüler sind so schüchtern und zurückhaltend, dass sie sich erst nach einiger Zeit trauen, aktiv am Unterrichtsgeschehen teilzunehmen, obwohl sie genau wissen, was Sie als Lehrer von ihnen hören wollen. Diese Schüler erreichen Sie mit der Holpflicht. So erhalten sie gute Gelegenheit, trotz ihrer persönlichen Hemmung eine relativ gute mündliche Note zu erreichen. Was diejenigen Schüler angeht, die abwesend aus dem Fenster sehen oder sich mit dem Nachbarn unterhalten, so können Sie diesen gegenüber durch spontanes Drannehmen ein starkes Signal geben, dass Sie die geistige Abwesenheit oder das Stören durchaus bemerkt haben und sie zum Unterricht zurückholen wollen. Dieses „Abholen" sollten Sie sich ebenfalls in Ihrer Notenliste (bzw. in Ihrem Notizbuch, siehe Tippkasten oben) markieren. Sie können z. B. eine Note mit einem Kreis versehen oder sie unterstreichen. Benutzen Sie möglichst zwei Farben, denn so können Sie z. B. mit einem grünen Kreis kennzeichnen, dass der Schüler die Antwort wusste, und mit einem roten Kreis, dass er die Antwort schuldig blieb.

Darüber hinaus ist es für Ihre Bewertung der mündlichen Mitarbeit wichtig, die **Fehlzeiten** Ihrer Schüler zu notieren. Hier reichen Kürzel wie „f" oder „fue" in Ihrer Notenliste aus, um zu kennzeichnen, dass der Schüler eine Stunde fehlte (f) bzw. sogar unentschuldigt fehlte (fue). Diese Unterscheidung ist unbedingt wichtig, denn in manchen Bundesländern werden unentschuldigte Fehlzeiten als „nicht erbrachte Leistung" mit der Note „Ungenügend" bewertet. So ist bspw. im Schulgesetz von Berlin für die Klassen 9 und 10 der Sek I Folgendes vermerkt:

Schulgesetz für das Land Berlin
Verordnung über die Schularten und Bildungsgänge der Sekundarstufe I
(Sek I-VO Berlin)

vom 31. März 2010

zuletzt geändert durch Verordnung vom 28. September 2016[19]

§ 20 Leistungsbeurteilung

(3) Sofern Leistungen nicht erbracht werden, erfolgt die Entscheidung, ob die nicht erbrachte Leistung mit „ungenügend" bewertet wird oder ohne Bewertung (o.B.) bleibt (§ 58 Absatz 3 des Schulgesetzes) nach den folgenden Maßgaben.
Leistungen, die in den Jahrgangsstufen 9 und 10 aus selbst zu vertretenden Gründen nicht erbracht werden, sind immer mit der Note „ungenügend" zu bewerten.
Von Schülerinnen und Schülern zu vertretende Gründe sind insbesondere Leistungsverweigerung, grober Täuschungsversuch oder Unleserlichkeit einer schriftlichen Leistung.
Als Leistungsverweigerung gilt auch das unentschuldigte Fehlen, wenn zuvor zur Leistungserbringung aufgefordert wurde oder durch den Umfang des unentschuldigten Fehlens keine kontinuierliche Leistungsbeurteilung möglich ist.
Die Erziehungsberechtigten sind bei Leistungsverweigerung oder grobem Täuschungsversuch zu informieren.

Im Hinblick auf die Fehlzeiten liegen „selbst zu vertretende Gründe" z. B. dann vor, wenn für das Fernbleiben vom Unterricht trotz Aufforderung nach einer angemessenen Zeit keine Entschuldigungen der Eltern, des volljährigen Schülers oder des Arztes vorgelegt werden.
Beachten Sie, dass Sie als Lehrer verpflichtet sind, die entsprechenden Gesetze, Verordnungen und Regelungen Ihres Bundeslandes einzuhalten und umzusetzen.
Erkundigen Sie sich deshalb genau, wie dies bei Ihnen geregelt wird, denn nur, wenn Sie richtig informiert sind, bleiben Ihre Leistungsbewertungen unanfechtbar, wenn Sie unentschuldigte Fehlzeiten einbeziehen bzw. wenn Sie sie nicht in die Bewertung einrechnen.

[19] Quelle: *www.schulgesetz-berlin.de*

Bewertung von Referaten

Leistungserwartungen

Referate oder Vorträge zu einzelnen vorgegebenen oder selbst gewählten Themen gehören im Bereich der Sonstigen Leistungen fest zum Schulalltag und sind ein wichtiger, manchmal schwergewichtiger Teil Ihrer Leistungsbewertung eines Schülers. Besonders in den sogenannten mündlichen Fächern der Sek I, also Geschichte, Erdkunde, Pädagogik, Sozialwissenschaften etc., und in den Nicht-Prüfungsfächern der Sek II sind Referate mit die **wichtigste Möglichkeit, eine Zusatzleistung zu erbringen,** mit der Schüler ihre **mündliche Note** – und damit auch ihre Zeugnisnote – **verbessern** können.

Allerdings kann ein Referat je nach Bundesland ggf. auch als „gleichwertige Leistung" als **Ersatz für eine Klassenarbeit** herangezogen werden. Dies ist z. B. in Baden-Württemberg der Fall:

Verordnung des Kultusministeriums über die Notenbildung (Notenbildungsverordnung, NVO)

vom 5. Mai 1983

zuletzt geändert durch Verordnung vom 19. April 2016[20]

§ 9 Zahl der Klassenarbeiten und schriftlichen Wiederholungsarbeiten, gleichwertige Leistungen

(5) Von den nach Absatz 3 vorgeschriebenen Klassenarbeiten können nach Entscheidung des Fachlehrers jeweils eine Klassenarbeit, bei mindestens sechs vorgeschriebenen Klassenarbeiten bis zu zwei Klassenarbeiten und in Bildungsgängen, in denen der Unterricht in Gestalt von Handlungs- oder Lernfeldern erteilt wird, bis zu drei, höchstens aber die Hälfte der vorgeschriebenen Klassenarbeiten durch jeweils eine gleichwertige Feststellung von Leistungen der Schüler der Klasse ersetzt werden [...]

[20]Quelle: *www.landesrecht-bw.de*

Diese Leistungsfeststellung bezieht sich insbesondere auf schriftliche Hausarbeiten, Jahresarbeiten, Projekte, darunter auch experimentelle Arbeiten im naturwissenschaftlichen Bereich, Freiarbeit, **Referate**, mündliche, gegebenenfalls auch außerhalb der stundenplanmäßigen Unterrichtszeit terminierte Prüfungen oder andere Präsentationen. [...]

In solch einem Fall unterliegt das Referat dann durchaus höheren Leistungserwartungen, als es bei einem klassischen Referat innerhalb der Sonstigen Leistungen wäre. Zwar ist die Möglichkeit der Wertung als Ersatzleistung für eine Klassenarbeit **eher die Ausnahme**, dennoch sollten Sie sich unbedingt erkundigen, wie die gesetzliche Regelung in Ihrem Bundesland und in Ihrer Schulform ist. Denken Sie außerdem daran, dass es sein kann, dass Ihre Schule die vom Ministerium verordnete Möglichkeit gar nicht nutzt. Es ist also zwingend notwendig, in Ihren Fachschaften nachzufragen, ob und in welchen Jahrgangsstufen an Ihrer Schule ein Referat als gleichwertige Leistung im Rang einer Klassenarbeit gehalten werden kann. Zählt ein Referat dann tatsächlich wie eine Klassenarbeit, gilt es zunächst einmal, ein Thema zu finden, das die Schüler im Unterricht vorbereiten können und das genug Unterthemen bietet, damit die Schüler einzeln oder als 2er-Team ihren Vortrag halten können. Darüber hinaus ist es unbedingt wichtig, die Schüler rechtzeitig darüber zu informieren, dass das Referat als Ersatz für eine Klassenarbeit zählt und die Bewertung entsprechend ins Gewicht fällt. Die Motivation und die Ausfertigung des Referats werden dann sicherlich anders sein als bei einem „normalen" Referat, das zur mündlichen Note zählt.

Um genau dieses „klassische" Referat innerhalb der mündlichen Leistungen soll es nun aber in diesem Kapitel gehen. Zunächst einmal ist es wichtig, sich vor Augen zu halten, dass vielen Schülern (und auch manchen Lehrern) gar nicht bewusst ist, dass das **klassische Referat** eigentlich eine sehr **vielschichtige, komplexe Leistung** ist (was eben auch erklärt, warum es in manchen Fällen durchaus als Ersatzleistung für eine Klassenarbeit gewertet werden kann). Mehrere **sehr unterschiedliche Teilleistungen** fügen sich zu einem Gesamtbild. Dabei können die Teilleistungen je nach Jahrgangsstufe und Schulform auch in unterschiedlicher Gewichtung in die Leistungsbewertung einfließen (dazu später mehr). In jedem Fall machen die unterschiedlichen Anforderungsbereiche eines Referats diese Leistung zu einer ganz besonderen Herausforderung, deren Arbeitsaufwand besonders von den Schülern häufig unterschätzt wird. Im Wesentlichen lassen sich die verschiedenen Teilleistungen in folgende drei Punkte gliedern:

- **Recherche** mit Quellenanalyse und inhaltliche Reduktion
- sachgerechte **Ausarbeitung** und adressatengerechte Aufbereitung
- **Präsentation** mit dem mündlichen Vortrag, der schriftlichen Ausarbeitung und der Kompetenz, in der anschließenden Diskussionsrunde offene Fragen zu beantworten

Ihre konkreten **Leistungserwartungen** innerhalb dieser drei Teile **hängen von Ihrer jeweiligen Lerngruppe ab** und müssen entsprechend **angepasst** werden. Schüler der Erprobungsstufe sind bspw. nur sehr selten in der Lage, einen 15-minütigen freien Vortrag zu einem Thema zu halten, diesen mit Plakaten oder Power-Point-Präsentationen zu unterstützen und außerdem noch eine ausführliche schriftliche Abhandlung abzuliefern. Meist können sie noch nicht einmal wenige Minuten strukturiert und frei über ein vorbereitetes Thema referieren. Schüler der Oberstufe hingegen haben bereits die nötigen Kompetenzen für ein Referat erlernt und mehrfach erprobt, sodass Sie hier weitaus höhere Erwartungen ansetzen können.
Vor der Vergabe von Referaten sollten Sie sich also immer zuerst einige Fragen stellen – z. B.:

- Sind meine Schüler bereits kompetent genug, ein Referat in allen drei Teilen (Recherche, Ausarbeitung, Präsentation) komplett eigenständig zu erarbeiten und zu halten?
- Welche Kompetenzen kann ich in dieser Jahrgangsstufe erwarten?
- Welche Teilleistungen kann ich im Sinne einer Reduktion der Leistungserwartungen weglassen (z. B. in den niedrigen Jahrgangsstufen der Sek I die schriftliche Ausarbeitung)? Welche Hilfen gebe ich den Schülern an die Hand (z. B. Literatur oder Internetadressen zur Recherche)?
- Erlaube ich für die Präsentation Hilfsmittel und, wenn ja, welche?

Tipp aus der Praxis:

In vielen Schulen existiert inzwischen ein Unterrichtsfach mit dem Namen „**Methodentraining**", „**Lerntraining**" o. Ä., das besonders in den Klassen der Erprobungsstufe unterrichtet wird, um die Schüler nach dem Übergang auf die weiterführende Schule von Anfang an mit strukturierenden Arbeitsmethoden und erfolgreichen Lernstrategien vertraut zu machen und die unterschiedlich ausgeprägten Kompetenzen in diesem Bereich anzugleichen. Gibt es auch an Ihrer Schule solch ein Fach, bietet dies eine hervorragende **Orientierungsmöglichkeit für die anzusetzenden Leistungserwartungen**: Erkundigen Sie sich bei den unterrichtenden Kollegen, welche Bereiche besprochen werden, wenn die Schüler sich in diesem Fach mit dem Thema „Referat" beschäftigen.

Umgekehrt können Sie dieses besondere Fach auch nutzen, um die in den Fachkonferenzen getroffenen **Beschlüsse** (z. B. darüber, welche Elemente ein Referat beinhalten muss oder welche Kompetenzen in welcher Jahrgangsstufe bei einem Referat erwartet werden) **einheitlich umzusetzen**, indem Sie diese Vorgaben an den für das „Methodentraining" zuständigen Kollegen weitergeben und ihn bitten, diese in seinem Unterricht zu berücksichtigen.

Gerade in den unteren, noch nicht so „referatserfahrenen" Jahrgangsstufen bietet es sich an, das Thema „Ausarbeitung und Präsentation von Referaten" Schritt für Schritt zu trainieren und dabei nach und nach die Kompetenzen der Schüler und damit auch Ihre Leistungserwartungen zu steigern, bis Sie von den Schülern ein vollständiges Referat, bestehend aus allen drei Teilleistungen, verlangen. So sensibilisieren Sie auch die Schüler für die Komplexität dieser besonderen Leistung, denn ihnen ist meist nicht klar, dass man ein Referat nicht „einfach aus dem Ärmel schüttelt". Ihnen ist in der Regel nicht bewusst, dass auch das freie Sprechen über ein paar Minuten Vorbereitung verlangt, und entsprechend schlecht funktioniert das freie und strukturierte Sprechen dann bei einem Referat. Die im Folgenden vorgestellte **Vier-Schritt-Trainingsmethode** ermöglicht es Ihnen, die nötigen Kompetenzen über einen längeren Zeitraum hinweg nach und nach einzuführen und zu festigen:

1. Trainingsschritt: Machen Sie die Schüler zu Wort-Experten

Als Fachlehrer wissen Sie genau, dass im Unterricht immer wieder Fremdwörter oder Fachbegriffe benutzt werden. Diese können Sie über die Wort-Experten einführen lassen, indem Sie ausgewählten Schülern vor Beginn der Unterrichtsreihe einzelne Fremdwörter oder Fachbegriffe nennen und die Schüler die Aufgabe erhalten, diese Begriffe den Mitschülern zu erklären, wenn sie im Unterricht zum ersten Mal genannt werden. So hat jeder Schüler nur eine kurze und sehr überschaubare Aufgabe und übt Recherchieren und freies Sprechen zu einem bestimmten Thema – quasi als Minimalform eines Referats.

Beispiel: Sie besprechen im Geschichtsunterricht in den Klassen 5 oder 6 das Leben der Menschen in der Altsteinzeit. Lassen Sie Fremdwörter, wie „Archäologie" und „Radiokarbonmethode", oder Fachbegriffe, wie „Faustkeil" und „Höhlenmalerei", von einzelnen Schülern erklären.

Leistungserwartung: Da die Leistung der Schüler bei diesem Schritt noch relativ gering ist, gibt es nur wenige „bewertbare" Aspekte, dennoch können auch hier schon konkrete Erwartungen als Kriterien für eine gute Beurteilung formuliert werden:

- Die Aufgabe ist sachlich richtig erledigt. Der Schüler hat die Fachbegriffe oder Fremdwörter korrekt erklärt.
- Der Schüler hat frei über seinen Fachbegriff oder über sein Fremdwort referiert.

2. Trainingsschritt: Machen Sie die Schüler zu Themen-Experten

Immer wieder werden im Unterricht Randthemen angesprochen, bei denen eine kurze Erläuterung sinnvoll ist. Nutzen Sie die Gelegenheit, solch ein Thema von einem Schüler etwas ausführlicher erklären zu lassen. So können Sie Ihren Unterricht interessanter gestalten und gleichzeitig die Schüler im freien Sprechen stärken. Auch hier sollten Sie schon zu Beginn der Unterrichtsreihe die zu vergebenden Mini-Vorträge auflisten und die Themen an verschiedene Schüler verteilen, damit diese eine 2- bis 4-minütige Erläuterung zu ihrem Thema vorbereiten können.

Beispiel: Sie sprechen im Geschichtsunterricht oder im katholischen oder evangelischen Religionsunterricht der Klasse 7 im Themenbereich „Reformation" über die schnelle Verbreitung der Schriften Luthers mithilfe des neu entwickelten Buchdrucks von Johannes Gutenberg. An dieser Stelle erläutert der für das Thema Buchdruck zuständige Schüler seinen Klassenkameraden kurz diese wichtige Erfindung Gutenbergs.

Leistungserwartung: Hier ist die zu erbringende Leistung zwar bereits größer, bewegt sich aber doch noch in sehr überschaubarem Rahmen. Folgende Kriterien für eine gute Bewertung lassen sich formulieren:

- Die Aufgabe ist sachlich richtig erledigt. Der Schüler hat das Thema korrekt und verständlich wiedergegeben.
- Der Schüler hat frei über sein Thema referiert.

3. Trainingsschritt: Machen Sie die Schüler zu Referats-Einsteigern

Im dritten Schritt fordern Sie zum ersten Mal ein frei gesprochenes Referat, zwar noch in Kurzform von maximal 10 bis 12 Minuten, aber dafür auch mit einer kurzen schriftlichen Ausarbeitung. Diese sollte jedoch auch nur ein bis zwei Seiten umfassen (wenn Sie das kurze Skript als Computer-Ausdruck erwarten, müssen Sie evtl. Formatvorgaben machen und Hinweise zur Handhabung des Textverarbeitungsprogramms geben). Das Referat soll bereits frei gesprochen und evtl. durch ein Plakat unterstützt werden. Hier sollte der Referent sich außerdem bereits darauf vorbereiten, mit Ihrer Hilfe in einer anschließenden Diskussionsrunde auf Fragen zu antworten. So handelt es sich hier also bereits um ein fertiges Referat mit allen drei Teilbereichen, allerdings sind diese in einer abgespeckten Kurzversion vorhanden, denn erst mit dem vierten Schritt ist das ausführliche Referat komplett (s. u.).

Beispiel: Wenn Sie im Biologieunterricht der Klasse 7 das Ökosystem Regenwald thematisieren, können Sie ein Kurz-Referat über den Schicht-Aufbau des Regenwaldes vergeben. Hier können sich die Schüler gut an den einzelnen Höhenschichten des Regenwaldes orientieren und diese bereits in einem Plakat grafisch darstellen, das ihnen auch als „Stichwortzettel" während des Referats und auch während der anschließenden Diskussionsrunde hilft.

Leistungserwartung: In diesem dritten Trainingsschritt ist die zu erbringende Leistung umfangreicher und komplexer und die Bewertung fließt schon mit einem größeren Anteil in die Gesamtheit der Sonstigen Leistungen ein. Folgende Leistungserwartungen lassen sich formulieren:

- Die Aufgabe ist sachlich richtig erledigt.
- Der Schüler hat das Thema korrekt und verständlich wiedergegeben.
- Der Schüler hat frei über sein Thema referiert.
- Der Schüler beantwortete Fragen der Zuhörer korrekt und frei.
- Es wurde zusätzliches Material zum Veranschaulichen erstellt und sinnvoll eingesetzt.
- Die schriftliche Zusammenfassung entspricht dem Vortrag. Der Text wurde selbstständig formuliert (und nicht aus dem Internet kopiert).
- Der Text wurde am Computer geschrieben und ansprechend formatiert.

4. Trainingsschritt: Machen Sie die Schüler zu Referats-Experten

Im letzten Schritt können Sie Ihren Erwartungshorizont auf allen drei Ebenen eines Referats in ausführlicher und umfassender Form erweitern, d. h., Sie können also eine selbstständige Recherche, eine ausführliche schriftliche Ausarbeitung von drei bis fünf Seiten sowie eine Präsentation mit anschließender Diskussionsrunde erwarten (wenn Sie die Ausarbeitung als Computer-Ausdruck und die Präsentation anhand einer Power-Point-Präsentation verlangen, müssen Sie evtl. Formatvorgaben machen und Hinweise zur Handhabung des Textverarbeitungs- bzw. Präsentationsprogramms geben). Je nach Schulform kann dies bereits in der Klasse 9 erfolgen, spätestens ab der Klasse 10 sollte dies aber in allen Schulformen möglich sein.

Beispiel: Im Deutschunterricht der Klasse 10 beschäftigen Sie sich mit der Lektüre des Buchs „Die Physiker" von Friedrich Dürrenmatt. Hier könnten Sie bspw. Referate zu den Themen „Biografie Dürrenmatts", „Gefahren der Atombombe" oder „Biografien der einzelnen Physiker" vergeben.

Leistungserwartung: Hier erreicht die zu erbringende Leistung ihren vollständigen Umfang als klassisches Referat und fließt als wichtiger Punkt in die Gesamtnote der Sonstigen Leistungen mit ein. Folgende Kriterien lassen sich für diesen Schritt formulieren:

- Die Aufgabe ist sachlich richtig erledigt.
- Es wurden aktuelle Quellen recherchiert und eingesetzt.
- Das Referat ist sinnvoll in Einleitung, Hauptteil und Schluss strukturiert.
- Der Schüler hat frei, verständlich und mit eigenen Worten über sein Thema referiert.
- Es wurde zusätzliches Material zum Veranschaulichen erstellt und sinnvoll eingesetzt.
- Der Vortrag war flüssig und verständlich.
- In der Diskussionsrunde wurden Fragen frei, kompetent und korrekt beantwortet.
- Die schriftliche Ausarbeitung des Referates ist inhaltlich und formal korrekt. Der Text wurde frei formuliert (und nicht aus dem Internet zusammenkopiert).
- Der Text wurde am Computer geschrieben und ansprechend formatiert.

Sind Sie an diesem Punkt angekommen, können Sie also alle drei Bereiche der Referatsleistung differenziert in Ihre Bewertung einfließen lassen. **Teilen Sie** dabei **Ihre Kriterien** für die einzelnen Schwerpunkte immer auch **den Schülern vorab mit.** So wird diesen bewusst, dass nicht nur die Präsentation vor der gesamten Klasse, sondern auch die Recherche, das sorgfältige Analysieren und Reduzieren der recherchierten Quellen sowie die schriftliche Ausarbeitung des Referats wichtige Aspekte sind, die die Gesamtnote maßgeblich beeinflussen.

Bewertungsstrategien

Je nachdem, welche Leistungserwartungen Sie ansetzen, müssen Sie auch Ihre Bewertungen anpassen – was die Schüler noch nicht gelernt haben, darf in der Bewertung nicht berücksichtigt werden; was sie klar voraussetzen können, muss in die Note einfließen. Und je mehr Referatserfahrung die Schüler haben, desto größeres Gewicht kann die Referatsnote insgesamt für die Zeugnisnote haben.

Von dieser grundlegenden Regel abgesehen, müssen Sie bei Ihren Leistungsbewertungen vorab auch überlegen, welche **Gewichtung der drei Teilleistungen** Sie für Ihre Bewertung zugrunde legen. Je nach Kompetenzstand und Vorerfahrungen der Schüler – aber auch abhängig von eventuellen Regelungen an Ihrer Schule – könnte diese Gewichtung bspw. so aussehen, dass

- **25 % der Note** auf **Recherche**, **Quellenanalyse** und **Reduktion** des Inhalts entfallen,
- weitere **25 %** Inhalt und Form der **schriftlichen Ausarbeitung** zukommen und
- die **Präsentation** mit **50 %** der Gesamtnote den höchsten und wichtigsten Stellenwert in Ihrer Notenfindung einnimmt.

Zwar lässt sich die Gewichtung der Teilbereiche sehr flexibel handhaben, jedoch wird der Schwerpunkt in der Regel immer auf der Präsentation des Referats liegen. Während die Vorbereitungen schwerer kontrollierbar sind und die Schüler sich bei der Recherche und bei der schriftlichen Ausarbeitung verschiedene Hilfen holen können (und theoretisch sogar ein Plagiat begehen können, siehe unten S. 86 f.), müssen die Schüler beim Vortrag auf den Punkt zeigen, was Sie können. Hier beurteilen Sie nicht nur die faktische und sachliche Richtigkeit der Informationen des Themas, sondern auch die vom Schüler vorgenommene Bewertung und Beurteilung im allgemeinen Kontext. Sie können am freien Vortrag mit eigenen adressatenbezogenen Formulierungen beurteilen, ob der Schüler das Thema verstanden hat oder ob er nur auswendig gelernten Text der Quelle xy „abspult". Außerdem erleben Sie, welche Medien eingesetzt werden, oder evtl. sogar, welche Materialien für die Mitschüler erarbeitet wurden. Damit können Sie sowohl die Sach- als auch die Medien- und die Urteilskompetenzen des Schülers bewerten.

Wie auch immer Sie sich bei der Gewichtung der Teilleistungen am Ende entscheiden, sollten Sie Ihren **Bewertungsschlüssel** in jedem Fall **den Schülern vorab mitteilen**, damit diese ihre Arbeit darauf einstellen können.
Übrigens können Sie einem sehr stillen und zurückhaltenden Schüler einen „Bonus" gewähren, denn für ihn ist es eine besondere Überwindung, vor den Mitschülern zu referieren. Dies muss aber nicht sein. Hier können Sie frei entscheiden, allerdings haben Sie damit einen Anreiz für stille Schüler, auch einmal ein Referat zu halten.

Um Ihre **Bewertung der Präsentation** zu erleichtern, benötigen Sie **zwei verschiedene Unterlagen:** Zum einen brauchen Sie einen **Blanko-Notizzettel** für Ihre inhaltlichen Notizen und Fragen und zum anderen einen zu Ihren Leistungserwartungen passenden **Bewertungsbogen**, mit dem Sie unaufwändig Ihre Beobachtungen zu den jeweiligen Kriterien notieren und direkt als Beurteilung festhalten können.

Praktisch ist es, wenn Sie sich auf Ihrem **Notizzettel** direkt die Unklarheiten und Fragen, die Sie in der abschließenden Fragerunde ansprechen wollen, markieren, z. B. mit einem X am Zeilenrand, um sie in Ihren Notizen schnell wiederzufinden. Lassen Sie auf Ihrem Notizzettel auch einen freien Raum,

auf dem Sie die Namen der Schüler notieren, die sich an der folgenden Besprechung des Referats beteiligt haben.
Markieren Sie auch hier die Namen der Schüler, die gute und weiterführende Beiträge gemacht haben (z. B. mit + oder ++) sowie die Namen der Schüler, die nur Verständnisfragen gestellt haben (z. B. mit o oder oo). So haben Sie auch für die Masse der restlichen Schüler kurze Notizen, die Sie für deren Bewertung der Sonstigen Leistungen heranziehen können. Schüler, deren Namen hier nicht auftauchen, haben sich nicht beteiligt und können entsprechend bewertet werden.

Tipp aus der Praxis:

Lesen Sie nach dem ersten Referat des Schuljahres vor, welche Notizen Sie sich zu welchen Schülern gemacht haben – so wird den Schülern schnell klar, dass nicht nur der Referent von Ihnen bewertet wird, sondern alle anwesenden Schüler unter Beobachtung stehen.

Der **Bewertungsbogen** sollte, wie gesagt, Ihre Leistungserwartungen widerspiegeln und alle Kriterien, die Ihnen wichtig sind, enthalten. Sie können entweder während der Präsentation hinter jedes Kriterium einen kurzen Vermerk machen, oder aber Sie bereiten die Kriterien schon so vor, dass Sie die jeweils zutreffende Leistung ankreuzen/einkreisen können – so wurde bei dem folgenden als Beispiel abgedruckten Bewertungsbogen vorgegangen. Dadurch erhalten Sie eine optimale Grundlage für Ihre Notenfindung.

Beispiel für einen Bewertungsbogen zur Präsentation eines Referats

Name: Feyza M. Datum: 28.9.2017 Redezeit: 9 min.

Thema: Das Fasten in den Weltreligionen

Je Kriterium sind 0–3 P. möglich.

Aufbau und Gliederung des Vortrags

Vorstellung von Thema und Gliederung ist vollständig – teilweise – nur ansatzweise – gar nicht erfolgt	2 P.
Gliederung ist logisch – grob erkennbar – nicht nachvollziehbar – gar nicht vorhanden	3 P.

Sachkompetenz

Faktenwissen ist sehr fundiert – recht umfassend – ungenau – falsch/nicht vorhanden	3 P.

Urteilskompetenz

Themenerörterung ist vielschichtig – allgemein – einseitig – nicht vorhanden	3 P.
Bewertung ist überzeugend – nachvollziehbar – ungenau – falsch	2 P.

Medienkompetenz

Medien sind passend – teils passend – unpassend – gar nicht ausgewählt/eingesetzt	1 P.

Allgemeines: Mimik, Gestik, Phonetik

Körperhaltung ist entspannt – leicht angespannt – meist steif – sehr verkrampft	1 P.
Blickkontakt ist souverän – unsicher – selten – fehlt	1 P.
Zuhörer fühlen sich sehr – etwas – wenig – gar nicht angesprochen	2 P.
Vortrag wird frei gesprochen – selten mit Kärtchen unterstützt – meist mit Kärtchen unterstützt – komplett abgelesen	2 P.
Gestik ist sicher – offen – sparsam – steif/nicht vorhanden	3 P.
Aussprache ist verständlich – meist deutlich – selten deutlich – ganz undeutlich	2 P.
Sprache ist präzise – meist präzise – salopp – unklar	2 P.

Punkte	52–47	46–37	36–27	26–17	16–7	6–0
Note	1	2	3	4	5	6

Note: 3 ←Summe:	27 P.

Tipp aus der Praxis:

Teilen Sie den ausgefüllten Bewertungsbogen nach dem Referat an den jeweiligen Schüler aus (alternativ können Sie Ihre schnellen Notizen während des Referats auch zunächst zu Hause sauber abschreiben). Anhand der Kriterien und Ihrer Bewertungen kann er erkennen, wo seine Schwächen und Stärken liegen und beim nächsten Mal Verbesserungen vornehmen.

Heben Sie Notizzettel und Bewertungsbogen zu jedem Referat auf. Zum einen haben Sie dann eine konkrete Vergleichsmöglichkeit für die Beurteilung der weiteren Referate, zum anderen können Sie etwas Schriftliches vorlegen, wenn Sie in einem Eltern- oder Schülergespräch Ihre Bewertungen begründen wollen (oder wenn Sie bei einem Einspruch gegen eine Zeugnisnote Ihre Bewertung rechtfertigen müssen).

Zum Abschluss des Kapitels soll hier auf eine **besondere Stolperfalle bei der Benotung der schriftlichen Ausarbeitung** des Referates eingegangen werden: Hier gilt es zu beachten, dass es heutzutage durch das Internet ganz einfach ist, an bereits fertige Materialien oder ausformulierte Referate zu gelangen. „Markieren, kopieren, einfügen!" – drei Befehle am PC, die kinderleicht sind, die aber schwerwiegende Auswirkungen haben können. Die Versuchung, die schriftliche Ausarbeitung oder wenigstens einen Teil davon aus dem Internet zu kopieren und ganz oder teilweise als Eigenleistung auszugeben, ist für manche Schüler zu groß und wird gerne genutzt.
Die Meinung der Schüler zu solcher Kopiertätigkeit ist eindeutig. Eine Schülerin einer Klasse 10 meiner Schule erklärte einmal ganz unverblümt: „Das, was im Internet steht, kann ich doch frei nutzen und dann nutze ich es auch. Und warum soll ich es kennzeichnen? Es ist ja für jeden da und ich mache ja meine Arbeit. Außerdem ist das Internet so groß, da finden Sie die Seite, die ich genutzt habe, ganz bestimmt nicht." Den Schüler ist bei solchen Aussagen zweierlei nicht bewusst: Sie wissen nicht, dass sie **Diebstahl fremden geistigen Eigentums** begehen, wenn sie etwas aus dem Internet kopieren und als Eigenleistung ausgeben. Außerdem erkennen sie nicht, dass eine Kopie aus dem Internet, wenn es als Eigenleistung abgegeben wird, ein **Plagiat** ist und sie damit einen Täuschungsversuch oder sogar eine Täuschungshandlung begehen. Das ist verheerend, denn die schulischen Folgen bei der Abgabe eines Plagiates können gravierend sein:

- In **leichten Fällen**, z. B. bei einer kurzen Passage, kann eine Ermahnung erfolgen,
- bei **massiven oder wiederholten Täuschungen** können schulische Ordnungsmaßnahmen, z. B. schriftliche Verweise oder temporärer Schulausschluss, greifen,

- eventuell muss die **Leistung** mit neuer Themenstellung **wiederholt** werden,
- oder die „erbrachte" Leistung wird abschließend mit der Note „**Ungenügend**" bewertet.

Wie dies genau geregelt ist, variiert von Schule zu Schule. Erkundigen Sie sich in Ihrer Fachschaft oder im Schulprogramm, wie dies bei Ihnen gehandhabt wird. Sollten keine Regelungen bestehen, empfiehlt es sich, einen **einheitlichen Maßnahmenkatalog für die gesamte Schule** zu erarbeiten und diesen von der Schulkonferenz bestätigen zu lassen.
Grundsätzlich müssen Sie allerdings den **Nachweis erbringen, dass der Schüler getäuscht hat**. Der bloße Verdacht gegen den Schüler reicht nicht aus. Es gibt jedoch einige klassische Anhaltspunkte, die auf ein Plagiat hindeuten:

- **Im Text erscheinen Formatierungswechsel**, die nicht begründet sind, z.B. sind die Überschriften in unterschiedlichen Schriftarten oder -größen formatiert.
- **Der Text ist plötzlich fehlerfrei geschrieben**. Jedes Komma sitzt da, wo es hingehört, und auch Genitiv und Konjunktiv werden korrekt benutzt.
- **Der Schüler gebraucht Formulierungen oder Fachtermini, die so gar nicht seinem sonstigen Stil entsprechen**, vielleicht sogar Begriffe, die er beim Vortrag des Referates nicht erklären konnte.
- **In der digitalen Version der Ausarbeitung sind Hyperlinks hinterlegt**, die vielleicht „überformatiert" wurden, also optisch nicht auffallen, jedoch nicht richtig entfernt wurden.

Fallen Ihnen Passagen auf, die kopiert sein könnten, prüfen Sie diese im Internet.

Tipp aus der Praxis:

Es gibt zwar spezielle, meist kostenpflichtige Programme, die Plagiate aufspüren, aber mit ein wenig Geschick werden Sie auch ohne diese Software fündig:

- Nutzen Sie die gängigste Internetsuchmaschine, denn auch die Schüler werden auf diese Suchmaschine zurückgreifen. Mit sehr hoher Wahrscheinlichkeit arbeiten die Schüler am häufigsten mit „Google".
- Suchen Sie im Text nach außergewöhnlichen Formulierungen und geben Sie dabei einen kompletten Satz, einen Halbsatz, eine Überschrift und deren Untertitel oder eine feste Formulierung in das Suchfeld der Suchmaschine ein. Setzen Sie den Suchtext dabei in doppelte Anführungszeichen, wenn Sie sichergehen möchten, dass nur Seiten angezeigt werden, die exakt die eingegebene Formulierung beinhalten.
- Schauen Sie sich die ersten fünf bis zehn Suchergebnisse genauer an. Schüler sind in der Regel bequem und werden meist auch nur auf diese Suchergebnisse zurückgreifen.

- Sichten Sie die bekannten Referats- und Hausarbeitsbörsen, z. B. *www.referate.de, www.spickzettel.de* oder *www.hausarbeiten.de,* und suchen Sie auch dort nach Überschneidungen. Eventuell müssen Sie sich einmalig bei diesen Portalen registrieren, bevor Sie sie nutzen können.

Da das Internet immer mehr in unser Leben und damit auch in unser Schulleben eingreift und der Zugang zu einer unüberschaubaren Menge von Informationen immer bequemer und einfacher wird, gehen in nächster Zeit wahrscheinlich immer mehr Bundesländer, Bezirksregierungen, Schulämter oder auch Schulen dazu über, Regelungen für den Plagiatsfall zu treffen bzw. bereits bestehende Regelungen anzupassen. Erkundigen Sie sich also zum aktuellen Stand der Dinge direkt an Ihrer Schule und in Ihrem Bundesland.

Schriftliche Beiträge zum Unterricht

■ Bewertung von Heften und Mappen

Egal an welcher Schulform, in welcher Klasse oder in welchem Fach Sie unterrichten – immer notieren sich Ihre Schüler Aufgaben, Fragen, Texte oder die Abschriften der Tafelbilder in einem Heft oder einer Mappe. Damit haben die Schüler einen ständigen Begleiter bei allen Unterrichtsstunden. Dieses Heft oder die Mappe bietet sich für eine regelmäßige Bewertung geradezu an und sollte deshalb in die Bewertungsrituale einbezogen werden.

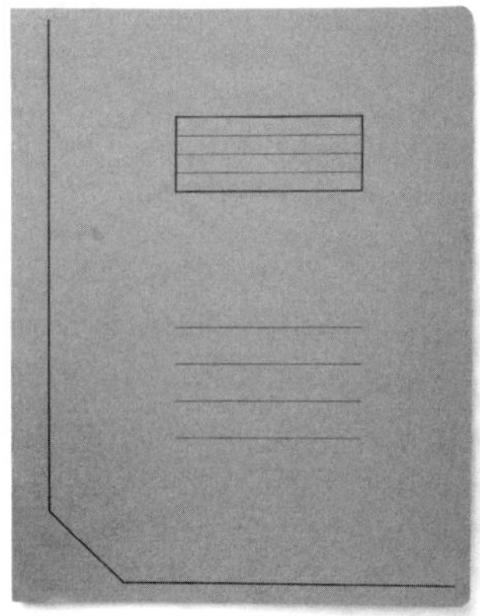

© picsfive/Fotolia.com

An der Sorgfalt, mit der z. B. eine Rechercheaufgabe durchgeführt und niedergeschrieben, eine Grafik entworfen oder eine Geschichte weitergeschrieben wurde, können Sie im Übrigen auch ablesen, wie motivierend Ihre Arbeitsaufträge für die Schüler sind, denn nur, wenn die Aufgaben anregen, werden die Einträge im Heft/in der Mappe nicht nur umfangreich und variantenreich sein, sondern auch ordentlich, vollständig und sauber. Sie können die **regelmäßige Kontrolle der Mappen/ Hefte** also **gleichzeitig** auch als **Feedback** zur Qualität und Verständlichkeit Ihrer Unterrichtsgestaltung und Arbeitsaufträge nutzen.

© Wylezich/Fotolia.com

Leistungserwartungen

Besonders wichtig sind Hefte und Mappen **im offenen Unterricht**. Wenn Sie eine Wochenplanarbeit durchführen oder mit Stationen arbeiten, spiegeln sie die erfolgreiche – oder auch weniger erfolgreiche – Arbeit der Schüler wider. An den Niederschriften können Sie erkennen, ob und wie der von Ihnen vorbereitete Unterrichtsstoff verstanden und bearbeitet wurde oder welche Arbeits- und Lernfortschritte ein Schüler gemacht hat.
Auch **im geschlossenen**, manchmal auch als konservativ bezeichneten **Unterricht** wird von den Schülern ein Heft oder eine Mappe geführt. Ein Heft, einerlei ob Hausheft oder Schulheft, wie dies in der Grundschule und evtl. noch in der Erprobungsstufe unterschieden wird, oder eine Kombination aus beiden,

wie dies heutzutage meist anzutreffen ist, sollte ständig in Gebrauch sein, aber trotzdem ordentlich, sauber und komplett geführt werden – für viele unserer heutigen Schüler leider eine fast unmöglich zu bewältigende Aufgabe. Aber die Anforderungen an Hefte und Mappen gehen noch weiter: Wichtigstes Ziel des Hefts/der Mappe ist es, die Schüler beim Lernen zu unterstützen, indem diese den Unterricht zu Hause nachvollziehen und dadurch den Unterrichtsstoff leichter und besser verinnerlichen können. Dabei sollte in den Hefteinträgen der „rote Faden" des Unterrichts erkennbar und nachvollziehbar sein, sodass das Heft/die Mappe das Wiederholen des Unterrichtsstoffes zur Vorbereitung auf eine Klassenarbeit bzw. Klausur erleichtert. Somit kann ein vollständiges, ordentlich und sauber geführtes Heft auf mehreren Ebenen auch zu einer besseren Gesamtnote beitragen: Zum einen, weil es eine gute Note in den Sonstigen Leistungen bringt, zum anderen, weil es dem Schüler hilft, eine bessere Leistung in den Klassenarbeiten zu erbringen. Dies geschieht aber nur, wenn die Schüler wissen, was Sie in Sachen Heft-/Mappenführung von ihnen erwarten, und den Vorteil, den sie daraus ziehen können, erkennen.

Daher ist es sinnvoll, zu Beginn jeden Schuljahres immer die **Regeln zur Heft- bzw. Mappenführung** und Ihre **Erwartungen** daran, also die **wichtigsten Kriterien Ihrer Leistungsbemessung, transparent** zu machen und ausführlich **vorzustellen**. So wird den Schülern das Arbeiten mit diesem „Gebrauchsgegenstand" erleichtert und die Vorteile eines ordentlich geführten Heftes für jedes Fach werden aufgezeigt – im Gegensatz zur fachunabhängig fortlaufenden Niederschrift in den allseits beliebten Collegeblöcken mit Ringbindung, wo dann zwischen zwei Deutschseiten zum Thema „Inhaltsangabe" auch Notizen zum Thema „Gebiss der Katze", Aufgaben zum Bruchrechnen oder Erklärungen zu Ebbe und Flut auftauchen können. Hier geht völlig die Übersicht verloren und Ihre Bitte, dass beschriebene Seiten eines Collegeblocks regelmäßig herausgetrennt und in einer Mappe abgeheftet werden, bleibt in der Regel ein frommer Wunsch.
Gerade wenn Sie eine neue Klasse oder eine neue Lerngruppe bekommen, sollten Sie den Schülern verbindliche Regeln vorgeben, damit von Anfang an Ihre Vorstellungen umgesetzt werden. Insbesondere in der Erprobungsstufe benötigen die meisten Schüler noch eine sehr enge Führung im Bereich der Heft- bzw. Mappenführung. Sollten Sie die Lerngruppe bereits gut kennen oder wenn die Schüler den Abschlussklassen angehören, reicht es auch, wenn Sie „nur" einen Erwartungsbogen austeilen und kurz besprechen.
In jedem Fall sollten Sie Ihre **Regeln und/oder** Ihren **Erwartungsbogen zur Heft- bzw. Mappenführung** (siehe Beispiele für das Fach Geschichte auf der nächsten Seite) am besten immer **als Kopie austeilen** und gegebenenfalls **durch einen erklärenden Tafelanschrieb**, der natürlich abgeschrieben werden

muss, **ergänzen**. Der Bogen sollte dann anschließend ins Heft eingeklebt bzw. in der Mappe abgeheftet werden. So kann kein Schüler bei der Bewertung argumentieren: „Das habe ich nicht gewusst!"

Tipp aus der Praxis:

An einigen Schulen wird in der Erprobungsstufe besonderer Wert auf eine Schulung im Bereich „Methodentraining" gelegt. Dort lernen die Schüler nicht nur eine korrekte Heft- bzw. Mappenführung, sondern z. B. auch, wie ihr Arbeitsplatz eingerichtet sein soll, wie sie sich auf eine Klassenarbeit vorbereiten oder wie sie Vokabeln in einer Fremdsprache lernen. **Besprechen Sie in der Fachkonferenz einheitliche Vorgaben**, wie eine Mappe bzw. ein Heft geführt werden soll, und reichen Sie diese Regelungen an die Kollegen, die die Schulung in Methodentraining übernehmen, weiter. Meist sind diese Kollegen froh, wenn sie schulinterne Vorgaben bekommen, nach denen sie die Schüler dann unterrichten können.

Vorab sollten Sie mit Ihren Schülern außerdem folgende **grundsätzliche Vorgaben**, die unabhängig von einer Bewertung sein sollten, vereinbaren:

- Wird ein gebundenes Heft oder eine Mappe mit eingehefteten Blättern benutzt? Soll das Heft bzw. die Mappe eine bestimmte Farbe zur leichteren Orientierung haben?
- Wird auf kariertem oder liniertem Papier geschrieben?
- Mit welchem Stift darf geschrieben werden? (Es empfiehlt sich immer, einen Füller zu benutzen, damit die Schrift leserlicher wird bzw. leserlicher bleibt!)

Regeln zur Mappenführung im Fach Geschichte

Jede Schülerin und jeder Schüler führt eine Mappe mit Einzelblättern, die von vorn nach hinten beschrieben und abgeheftet werden. Bei der Mappenführung sind folgende Punkte verbindlich:

1. Der Gesamteindruck der Mappe ist sauber und ordentlich. Die Seiten sind weder geknickt noch mit Kritzeleien „verschönert".
2. Das Deckblatt darf selbst gestaltet werden. Es muss auf jeden Fall das Fach, den Namen und die Klasse enthalten.
3. Ein Inhaltsverzeichnis bildet die Seite 2. Folgender Aufbau empfiehlt sich:

Inhaltsverzeichnis	**Seite**
Deckblatt	1
Inhaltsverzeichnis	2
Regelblatt zur Mappenführung	3
Bewertungskriterien	4
… = Thema der Stunde	…
…	…

4. Dieses Regelblatt ist als Seite 3 abzuheften.
5. Im Inhaltsverzeichnis wird zu jeder Stunde das Thema der Stunde und die Seitenzahl in der Mappe eingetragen.
6. Jede Seite wird nummeriert und in richtiger Reihenfolge abgeheftet.
7. Auch alle ausgeteilten Kopien müssen an den korrekten Stellen eingeheftet werden.
8. Die Texte müssen sauber und ordentlich und die Schrift gut lesbar sein. Sie sollen jeweils eine hervorgehobene Überschrift (z. B. durch Unterstreichung) und das Datum haben.
9. Die Texte oder Tafelbilder müssen fehlerfrei und vollständig abgeschrieben werden. Zeichnungen werden sauber und korrekt beschriftet abgezeichnet.
10. Die Mappe wird vollständig geführt! (**Bei Fehlzeiten**: Ausgeteilte Kopien liegen bis Ende des Monats im Klassenraum bereit. Jeder Schüler ist selbst dafür verantwortlich, fehlende Materialien zu besorgen und Tafelbilder, Aufgaben und sonstige Mitschriften bei einem Mitschüler abzuschreiben.)
11. Zusatzinformationen können gesammelt und eingeheftet werden. Sie können zusätzliche Pluspunkte bei der Benotung einbringen (die Mappe darf aber nicht nur aus eigenem Material bestehen).

Erwartungen an die Mappenführung im Fach Geschichte

Mit den Regeln für die Mappenführung solltest du bereits vertraut sein, daher erhältst du hier nur eine kurze Zusammenfassung zur Erinnerung:

Ich erwarte, dass ...

- eine ordentliche, saubere, nicht beschmierte Mappe geführt wird.
- ein Inhaltsverzeichnis angelegt wird.
- die Mappe vollständig ist (bei Fehlzeiten bist du dafür verantwortlich, Kopien oder Texte zu ergänzen).
- alle ausgeteilten Kopien an der korrekten Stelle eingeheftet werden.
- jede Seite nummeriert ist.
- jede neue Seite/jeder neue Eintrag am rechten Rand mit dem aktuellen Datum versehen wird.
- Überschriften einheitlich hervorgehoben werden.
- alle Texte, Tafelbilder und Zeichnungen vollständig, sauber und fehlerfrei abgeschrieben/abgezeichnet werden.
- in einer leserlichen Handschrift geschrieben wird.
- Farben nach den Vorgaben eingesetzt wurden.
- mögliches Zusatzmaterial eingefügt wird (Zusatzpunkte).

Hinweis:
Die Mappe wird ca. 3 Wochen vor den Zeugnissen eingesammelt und benotet!

Bewertungsstrategien

Bei der Überprüfung der Heft- bzw. Mappenführung bieten sich **zwei unterschiedliche Verfahren** an.
Zum einen können Sie **alle Hefte oder Mappen gleichzeitig** einsammeln. Der Vorteil besteht hier darin, dass eine vergleichende Bewertung möglich ist, allerdings kommt es dann regelmäßig zu einem punktuell großen Arbeitsaufwand, der zudem noch meist kurz vor den Zeugniskonferenzen stattfindet.

Tipp aus der Praxis:

Erinnern Sie Ihre Klasse mindestens eine Woche vor dem Einsammeln noch einmal an die Kriterien der Heft- bzw. Mappenführung, damit die Schüler Ihre Hefte/Mappen noch einmal überprüfen und ggf. überarbeiten/ergänzen können. Besprechen Sie außerdem, welche Note diejenigen Schüler erwartet, die ihr Heft/ihre Mappe nicht (rechtzeitig) abgeben.

Die andere Möglichkeit der Bewertung ist eine **aufs Halbjahr verteilte Überprüfung einzelner Hefte/Mappen.** Sie nehmen also immer mal wieder einige Hefte/Mappen zur Bewertung mit nach Hause, die Sie dann bewerten. So verteilen Sie Ihren Arbeitsaufwand gleichmäßiger. Allerdings wird das vergleichende Bewerten dann schwieriger. Dem entgegen wirkt aber der zu Beginn ausgearbeitete Erwartungsbogen mit klar definierten Bewertungskriterien, da er Sie bei einer einheitlichen und damit fairen Bewertung unterstützt.
Eine **Variante** der zweiten Methode lässt sich in der Erprobungsstufe durchführen. Dort verlangen die Schüler häufiger nach Bestätigungen und Lob, ein Bedürfnis, das Sie für Ihre Bewertung ausnutzen können: Vereinbaren Sie mit den Schülern, dass sie Ihnen ein vollgeschriebenes Heft vorlegen müssen, wenn sie ein neues Heft beginnen wollen. Sie können so die Hefte aller Schüler übers Jahr verteilt in unregelmäßigen Abständen kontrollieren und mithilfe eines Bewertungsbogens dem Schüler eine Rückmeldung geben und sich eine Note notieren.

Egal ob Sie alle Hefte/Mappen gesammelt oder in Häppchen bewerten – es ist unbedingt sinnvoll, **anhand der** zum Schuljahresbeginn **vereinbarten Regeln und Erwartungen** einen einheitlichen **Bewertungsbogen** zu erstellen, der Ihre Benotung transparent macht (siehe Beispiel für das Fach Geschichte auf der nächsten Seite). Gleichzeitig können Sie so den Schülern mitteilen, was besonders gut gelungen ist oder wo und wie sie ihre Einträge das nächste Mal noch verbessern können und müssen. Diese Bemerkungen sind Lob und konstruktive Kritik zugleich, sodass Sie die Schüler mit Ihren Bewertungen gleichzeitig anspornen können.

Bewertungsbogen für die Geschichtsmappe

Name: Enno **Datum:** 28.9.2017

Bewertungskriterien in Punkten

Erwartungen voll erfüllt: 3 P. eher nicht erfüllt: 1 P.
teilweise erfüllt: 2 P. gar nicht erfüllt: 0 P.

Bewertungskriterien	**erreichte Punktzahl**
Gesamteindruck der Mappe	2
Inhaltsverzeichnis wurde angelegt (Thema, Seitennummer).	3
Die Mappe ist vollständig.	2
Alle Kopien wurden an der korrekten Stelle eingeheftet.	3
Jede Seite hat eine Seitennummer.	3
Jede Seite/jeder Eintrag hat ein Datum am rechten Rand.	2
Die Überschriften wurden einheitlich hervorgehoben.	2
Alle Texte und Tafelbilder wurden vollständig, sauber und fehlerfrei abgeschrieben.	2
Die Zeichnungen sind sauber gezeichnet und korrekt beschriftet.	2
Es wurde in gut lesbarer Schrift geschrieben.	3
Farben wurden nach den vereinbarten Vorgaben eingesetzt.	1
Zusatzmaterial wurde gesammelt und an der passenden Stelle eingeheftet.	1
Gesamtpunktzahl:	26
Note:	3

Punkte	36–34	33–28	27–22	21–16	15–8	7–0
Note	1	2	3	4	5	6

Das musst du noch verbessern: Das hast du besonders gut gemacht:

Kürzel

Neben den einzelnen Bewertungskriterien sollten Sie auch **von Anfang an festlegen und den Schülern mitteilen, welches Gewicht die Note für die Heft- bzw. Mappenführung** im Verhältnis zu den anderen Noten, die Sie im Laufe eines Halbjahres sammeln, **bekommt**, also mit welchem Prozentsatz diese Teilnote in die Gesamtnote für das Fach einfließt. Folgende **Beispiele für die Zusammensetzung der Gesamtnote** für das Fach Deutsch (Realschule Nordrhein-Westfalen) geben einen Anhaltspunkt:

Beispiel 1:

- 50% Noten aus dem Bereich „Schriftliche Leistungen" (Klassenarbeiten)
- 30% Qualität und Kontinuität der mündlichen Beiträge in den Bereichen „Sprechen und Zuhören", „Schreiben", „Lesen – Umgang mit Texten und Medien" und „Reflexion über Sprache"
- 10% Heft- bzw. Mappenführung
- 5% Referate
- 5% darstellerische Leistungen (z. B. Rollenspiele, Gedichtvorträge etc.)

Beispiel 2:

- 50% Noten aus dem Bereich „Schriftliche Leistungen" (Klassenarbeiten)
- 30% Qualität und Kontinuität der mündlichen Beiträge in den Bereichen „Sprechen und Zuhören", „Schreiben", „Lesen – Umgang mit Texten und Medien" und „Reflexion über Sprache"
- 10% Mitarbeit während einer Phase des offenen Unterrichts
- 5% schriftliche Hausaufgabenüberprüfungen
- 5% Heft- bzw. Mappenführung

Grundsätzlich haben Sie bei der Zusammensetzung Ihrer Noten immer einen 50%-igen Anteil für die Klassenarbeiten und Klausuren. Die restlichen 50% können Sie in der Regel nach den Gegebenheiten Ihres Unterrichts und den jeweiligen Methoden abwägen. Es kann allerdings sein, dass Sie an Ihrer Schule besondere Vorgaben zur Leistungsfeststellung haben, die von den Kollegen in der jeweiligen Fachkonferenz festgelegt wurden. Diese Festlegung kann Ihnen die Arbeit erleichtern, da Sie keine eigene Abwägung treffen müssen und Eltern und Schüler evtl. sogar mit einem Schreiben über die entsprechende Zusammensetzung der Noten informiert worden sind. Erkundigen Sie sich also zunächst immer an Ihrer Schule nach eventuell vorhandenen Vorgaben.

Schriftliche oder mündliche Kontrollen

■ Bewertung von Hausaufgaben – mal erlaubt, mal verboten

© DBPics/Fotolia.com

Neben all den Leistungen, die Sie in der Schule beurteilen müssen, gibt es natürlich auch Leistungen, die die Schüler außerhalb der Schule erbringen, wie z. B. in den Hausaufgaben (kurz: HA).
Das uralte Schulprinzip, nach dem zu Hause nachbereitet, vorbereitet und begleitend gelernt wird und bei dem anschließend in der Schule eine Überprüfung der HA steht, wird allerdings inzwischen besonders durch die gebundene Ganztagsschule immer mehr aufgebrochen. Darüber hinaus kommt auch immer wieder ganz grundsätzlich die Debatte auf, ob eine HA überhaupt einen Sinn und Zweck erfüllt. Wenn Sie einmal bedenken, dass diese Aufgaben in der Regel nicht gerade mit Lust und Euphorie erledigt werden und in der Regel eher als Zwang oder gar Strafe angesehen werden, ist diese kritische Hinterfragung der HA an sich auch durchaus nachvollziehbar.

Bevor aber eine endgültige Entscheidung getroffen wird und bevor die **HA** komplett abgeschafft werden, **stehen** sie **zur Bewertung zur Verfügung**, allerdings nicht generell, sondern nur **unter bestimmten Voraussetzungen**:

- Die Bewertungsmöglichkeit von HA **hängt vom Bundesland ab**, in dem Sie unterrichten. In manchen Bundeländern ist eine Bewertung erlaubt, z. B. Hessen, Niedersachsen und Berlin, in anderen ist sie ausdrücklich verboten, z. B. in Nordrhein-Westfalen – paradoxerweise dürfen hier aber die daheim eingeübten Techniken oder die Anwendung der HA bewertet werden, indem Sie Ihren Bewertungsschwerpunkt auf die Erklärung bestimmter Zusammenhänge, auf die Kenntnis der Vokabeln oder Fachbegriffe, auf das Vorrechnen einer Mathematikaufgabe an der Tafel etc. legen.
- In manchen Bundesländern gibt es zu den HA **Sonderregelungen für Ganztagsschulen**. Dort darf z. B. von einem auf den nächsten Tag keine HA aufgegeben werden, wenn am Nachmittag Unterricht ist. An dieser Schulform fallen also meist gar keine HA an, die Sie bewerten könnten (allerdings gilt die Regelung in manchen Bundesländern nicht für die Oberstufe).

In anderen Bundesländern, z. B. in Nordrhein-Westfalen, gilt wiederum, dass an Ganztagsschulen Lernzeiten an die Stelle der HA treten. In diesen Zeiten, die in den normalen Wochenstundenablauf des Ganztages integriert sind, sollen in der Regel die „HA" statt zu Hause in der Schule unter Aufsicht erledigt werden, Arbeiten für zu Hause fallen somit gar nicht mehr an (einzige Ausnahme bildet hier das Vokabellernen in den Fremdsprachen).

Tipp aus der Praxis:

Da die Regelungen zum Thema Hausaufgaben besonders vielfältig und uneinheitlich sind, ist es zwingend notwendig, dass Sie sich die für Sie relevanten Informationen besorgen. Erkundigen Sie sich unbedingt vor Dienstantritt, wie die gesetzlichen Regelungen für Ihr Bundesland und für Ihre Schulform sind.
Alle Informationen zum jeweiligen Schulgesetz bzw. zu den dazugehörenden Erlassen finden Sie z. B. online in den offiziellen Bildungsportalen der Schulministerien der Bundesländer sowie in den Schulgesetzen und Erlassen, die in der Schule ausliegen.[21] Sollten Sie unwissend eine nicht regelkonforme Bewertung der HA vornehmen und es erfolgt ein Einspruch gegen Ihre Zeugnisnote, wird diesem Einspruch mit hoher Wahrscheinlichkeit stattgegeben.

Leistungserwartungen

Selbst wenn Sie in einem Bundesland unterrichten, in dem keine HA bewertet werden dürfen, können Sie dennoch welche aufgeben und natürlich haben Sie auch dann bestimmte Erwartungen an die Schüler. HA sollen das im Unterricht Gelernte wiederholen und festigen und die Schüler sollen die Anwendung dieser Inhalte und Methoden auch zu Hause trainieren.
Allerdings gibt es mit den HA häufig **Schwierigkeiten**, weil sie oft undifferenziert aufgegeben werden, d. h., alle Schüler erhalten dieselben Aufgaben, weil sie aus disziplinarischen Gründen aufgegeben werden („Wenn ihr das in der Stunde nicht schafft, weil so viel gestört wird, ist der Rest Hausaufgabe!") oder weil sie mengenmäßig übertrieben werden. Unter diesen Voraussetzungen werden Ihre Erwartungen an HA sicherlich nur unzureichend bis gar nicht erfüllt. Wenn Sie Ihre **Leistungserwartungen in diesem Bereich etwas herunterschrauben** und weniger oder auch mal gar keine HA aufgeben, scheint es zunächst so, als hätten Sie vor den Schülern und deren Unlust, die HA zu erledigen, kapituliert. Aber wenn Sie bedenken, dass Sie so das Wohlwollen der

[21] Für Nordrhein-Westfalen ist hier z.B. die BASS (Bereinigte Amtliche Sammlung der Schulvorschriften NRW) eine wichtige Informationsquelle.

Schüler erringen und eine gute Unterrichtsstimmung beibehalten, haben Sie gewonnen, denn gute Stimmung unter den Schülern während des Unterrichts heißt auch mehr Lernmotivation – auch außerhalb der Schule – und damit mehr Lernerfolg. Das Herabschrauben Ihrer Leistungserwartungen führt also zu einer Win-win-Situation.

Eine andere Möglichkeit, die Schüler zu motivieren, ihre HA mit Sorgfalt anzufertigen, ist, ein **Belohnungssystem** einzuführen. Dies widerspricht zwar den pädagogischen Anforderungen („Hausaufgaben zu erledigen, ist der Normalfall, sie müssen gemacht werden"), aber wenn es funktioniert – warum nicht? So können Sie dabei vorgehen: Belohnen Sie ordentliche HA mit einem Stempel. Benutzen Sie dazu einen Stempel ohne Stempelkissen, die es überall zu kaufen gibt, und notieren Sie sich diese positiven und ordentlich angefertigten HA im Notenheft mit einem „+". Bei 6, 8 oder 10 „+"-Zeichen erhält der Schüler einen Gutschein „Hausaufgabenfrei" und darf einmal mit den HA aussetzen. Neben dem Effekt, dass die Schüler motivierter an ihre HA herangehen, haben sie durch das ordentliche Erledigen Übungs-, Vor- und Nachbereitungszeiten gewonnen, was sich wiederum positiv auf die Mitarbeit in der nächsten Stunde auswirkt.

In diesem Zusammenhang ist es wichtig, den Schülern bewusst zu machen, dass die HA oft die Vorbereitung für die nächsten Unterrichtsstunden bilden. Wenn ein Schüler nun seine HA nicht oder nur teilweise angefertigt hat, wird er wahrscheinlich Probleme haben, sich angemessen am Unterricht zu beteiligen und seine **Note für die Sonstige Mitarbeit** wird für diesen Teil der Stunde schlecht sein, also dementsprechend **beeinflusst**. Machen Sie Ihrer Lerngruppe diesen Zusammenhang unbedingt deutlich, denn die meisten Schüler gehen davon aus, dass eine HA nur in dem Teil des Unterrichts relevant ist, in dem sie besprochen und kontrolliert wird. Dass sie aber auch auf die folgenden Unterrichtssequenzen wirken und so maßgeblich Einfluss auf die Bewertung der Sonstigen Leistungen haben kann, wird meist nicht bedacht.

In jedem Fall gilt: Auch bei Ihrer Handhabung der Hausaufgaben sind Sie in Erklärungspflicht gegenüber Ihren Schülern. Zusammen mit Ihren **Bewertungskriterien** für die Sonstige Mitarbeit sollten Sie zu Beginn des Schuljahres **transparent und nachvollziehbar erklären**, was Sie bei HA erwarten, wie Sie mit nicht gemachten HA umgehen (siehe unten S. 100f.) und ob/inwiefern die HA bewertet werden.

Bewertungsstrategien

Egal ob Sie die **HA** bewerten dürfen oder nicht, sollten Sie sie **regelmäßig kontrollieren**, auch wenn es kostbare Unterrichtszeit in Anspruch nimmt, einmal kurz in jedes Heft oder in jede Mappe zu schauen. Achten Sie bei einem solchen Rundgang zumindest auf das Datum, die korrekten Überschriften, den Text- oder Aufgabenanfang und die Länge. Es wird immer wieder Schüler geben, die Ihnen eine alte Aufgabe als aktuelle HA unterschieben wollen. An Datum, Überschrift, Textanfang und Länge können Sie meist schnell erkennen, ob es sich um die für diese Stunde gestellte HA handelt.
Diese Kontrolle gehört im Übrigen zu Ihren Unterrichtsaufgaben und die Schüler erwarten eigentlich auch, dass ihre Arbeiten angesehen und kontrolliert werden, sie evtl. ein motivierendes Lob, z. B. wegen besonders akkurat angefertigter Aufgaben, oder auch einmal eine kurze (konstruktive) Kritik, z. B. wegen fehlender Ausführlichkeit, erhalten. Sie erarbeiten sich außerdem so bei den Schülern den Ruf, dass Hausaufgaben gemacht werden sollten, weil Konsequenzen drohen, und dass auch Kleinigkeiten positiv bzw. negativ zur Kenntnis genommen werden.

Bei diesen Kontrollen werden Sie immer wieder auf **nicht gemachte Hausaufgaben** stoßen. Hier können Sie sich die Entschuldigungen der Schüler anhören, um zu erforschen, warum die HA nicht erledigt wurden. Sie werden oft hören: „Ich habe das nicht verstanden!" Dann sollten Sie sich folgende Fragen stellen: Hat der Schüler die Aufgabe wirklich nicht verstanden? Oder hat er einfach keine Lust gehabt, die Aufgaben zu erledigen, und sucht nun nach einer Ausrede? In beiden Fällen können Sie durch Nachfragen sehr schnell erkennen, welche Antwort korrekt ist. Wenn eine Aufgabe aus Verständnisgründen nicht erledigt werden konnte, kann der Schüler hoffentlich erklären, an welchem Punkt der Aufgabe seine Probleme begannen, und Sie können sehen, wo Ihrerseits Erklärungen fehlen, denn Ihre Pflicht ist es, HA zu geben, die vom Schüler normalerweise selbstständig und ohne Hilfe in einem angemessenen Zeitrahmen erledigt werden können. Hat der Schüler jedoch einfach keine Lust Leistung zu bringen, keine Lust zum Erledigen der Hausaufgaben gehabt, fehlen diese Angaben und Erklärungen, wo die Probleme liegen, völlig und der Schüler kann auch auf Ihre Nachfragen nicht antworten.
Im ersten Fall können Sie von einer möglichen Bewertung oder einer Abfrage absehen, im zweiten Fall können Sie dies **als Leistungsverweigerung werten** und ggf. als Note ein Ungenügend notieren. So gilt bspw. in Nordrhein-Westfalen:

Schulgesetz für das Land Nordrhein-Westfalen (Schulgesetz NRW – SchulG)

vom 15. Februar 2005

zuletzt geändert durch Gesetz vom 14. Juni 2016[22]

§ 48 Grundsätze der Leistungsbewertung
(5) Verweigert eine Schülerin oder ein Schüler die Leistung, so wird dies wie eine ungenügende Leistung bewertet.

Informieren Sie sich hier unbedingt, **welche Regelungen in Ihrem Bundesland gelten**. Grundsätzlich kann es auch sein, dass an an Ihrer Schule ein **durch die Schulkonferenz verabschiedeter Maßnahmenkatalog** existiert, der Ihnen hilft, die nicht gemachten Hausaufgaben angemessen zu sanktionieren. In der Regel **notieren** Sie sich eine **nicht gemachte HA in Ihrem Notenheft**. Sie können dabei z. B. wie folgt unterscheiden: ein waagerechter Strich (–) bedeutet, dass die komplette HA fehlt, ein senkrechter Strich (|) bedeutet, dass ein großer Teil der Hausaufgabe fehlt. In der Regel werden Sie sich bei den dritten oder vierten nicht gemachten HA mit den Eltern in Verbindung setzen, sei es schriftlich oder telefonisch, und darauf hinweisen, dass nicht gemachte HA die schulische Leistung des Schülers gefährden, weil eine geplante Sequenz des Übens fehlt oder weil die Vorbereitung auf die nächste Stunde nicht erfolgte und der Schüler erst einmal nicht mitarbeiten kann. Markieren Sie Ihre Striche zu den vergessenen HA im Notenheft nach einer solchen Information – z. B., indem Sie sie mit einer anderen Farbe diagonal durchstreichen oder einkreisen. So können Sie auf einem Blick erkennen, welche nicht oder nur teilweise gemachten Hausaufgaben bereits bei den Eltern angemahnt worden sind und bei welchen eine Mahnung noch fehlt.
Erstellen Sie außerdem eine kurze Gesprächsnotiz bzw. archivieren Sie die schriftlichen Informationen, damit Sie immer eine Unterlage haben, aus der hervorgeht, wann Sie welchen Elternkontakt bzgl. der Hausaufgaben vorgenommen haben.

Auch **wenn das Bewerten der HA in Ihrem Bundesland nicht gestattet** ist, dürfen Sie dennoch immer die eingeübten Arbeitstechniken oder Kenntnisse in Ihren Unterricht einbeziehen und deren Verständnis oder deren Anwendung schriftlich oder mündlich kontrollieren. So können Sie als Hausaufgabe in Deutsch z. B. aufgeben, die Konjugation regelmäßiger Verben in den Zeiten

[22]Quelle: Ministerium für Schule und Weiterbildung des Landes Nordrhein-Westfalen, *www.schulministerium.nrw.de/docs/Recht/Schulrecht/Schulgesetz/*

Perfekt oder Plusquamperfekt mit dem Hilfsverb „haben" zu lernen. Zur HA gehört eine Liste mit den Zeitformen mit dem Verb „malen". Sie können nun die gelernten Formen mithilfe anderer Verben, z. B. „lachen" oder „kaufen", abfragen. Auch Fragen zu einer Lektüre, die für die nächsten Unterrichtsstunden vorbereitet werden soll, sind erlaubt. Bei solchen **Aufgabenkontrollen** gehen Sie also nicht von der HA aus, die 1:1 abgefragt wird, sondern Sie legen **einen anderen Schwerpunkt**, nämlich auf die Anwendung der erlernten Formen der Konjugation und auf deren Transfer auf ein neues Verb oder Sie testen die Basiskenntnisse der Lektüre für die kommenden Textanalysen.

Bewertung von schriftlichen Hausaufgabenüberprüfungen

In einigen Bundesländern dürfen sogenannte „schriftliche Hausaufgabenüberprüfungen" (kurz: HÜ) durchgeführt werden (das kann z. B. ein Lückentext sein, in dem Fachbegriffe zu einem Thema abgefragt werden, über das die Schüler als HA einen Sachtext lesen mussten; ein anderes Beispiel für eine HÜ wäre der klassische Vokabeltest). Das Ergebnis dieser HÜ wird dann in die Bewertung der Sonstigen Mitarbeit aufgenommen. Da aber auch hier in verschiedenen Bundesländern unterschiedliche Regelungen gelten, die den Zeitraum, der in einer HÜ abgefragt werden kann, und die Dauer der schriftlichen Abfrage betreffen, erkundigen Sie sich bitte im jeweiligen Schulgesetz, in den Schulportalen der einzelnen Bundesländer bzw. bei Ihrer Fachschaft, welche Regelungen bei Ihnen gelten. Die Nachfrage bei der Fachschaft ist besonders wichtig, denn es können schulinterne Regelungen bestehen, die Sie nur durch Nachfrage erfahren. In Hessen z. B. dürfen Sie solche HÜ durchführen, „wobei hier zu beachten ist, dass sich eine solche Überprüfung auf die Hausaufgaben der letzten Schulwoche beziehen muss und nicht länger als 15 Minuten dauern darf."[23]

In Rheinland-Pfalz hingegen sieht die Verordnung zur HÜ in wesentlichen Punkten anders aus:

[23] Quelle: Hessisches Kultusministerium, „Eltern-Info Ausgabe 3 vom 26. Oktober 2006", *https://verwaltung.hessen.de/irj/HKM_Internet?rid=HKM_15/HKM_Internet/sub/f23/f2347507-7967-e013-3e2d-c97ccf4e69f2,,,11111111-2222-3333-4444-100000005003%25252526overview=true.htm*

Schulordnung für die öffentlichen Realschulen plus, Integrierten Gesamtschulen, Gymnasien, Kollegs und Abendgymnasien (Übergreifende Schulordnung – SchulO RP)

vom 12. Juni 2009[24]

§ 51 Hausaufgaben
(3) Hausaufgaben werden in der Regel im Unterricht besprochen und zumindest stichprobenweise überprüft. Ein schriftliches Abfragen der Hausaufgaben darf sich höchstens auf die Hausaufgaben der letzten beiden Unterrichtsstunden beziehen und nicht länger als 15 Minuten, in der gymnasialen Oberstufe nicht länger als 30 Minuten dauern.

Tipp aus der Praxis:

Wenn Sie eine HÜ schreiben lassen, achten Sie auf Korrekturfreundlichkeit der Aufgaben (vgl. Tipps zu „Korrekturfreundlichen Aufgabentypen" unten ab S. 107). Sie sollten sich nicht mehr Arbeit damit machen, als unbedingt notwendig!

HÜ **müssen nicht angekündigt werden** – allerdings hat sich eine Ankündigung bewährt, weil dann die Noten im Schnitt ein wenig besser ausfallen. Allerdings müssen Sie sich grundsätzlich darauf einstellen, dass Sie in der ersten HÜ voraussichtlich viele schlechte und sehr schlechte Noten vergeben werden. Die Schüler kennen diese Art der Kontrolle meist nicht, da sie je nach Bundesland und Schulform selten eingesetzt wird. Rechnen Sie also mit Protesten der Schüler.
Wenn Sie den **Schwierigkeitsgrad der ersten HÜ niedrig halten** und die Überprüfung außerdem ankündigen, erkennen die Schüler meist schnell, dass die Aufgaben zu schaffen sind, wenn die HA auch gemacht werden. Machen Sie deutlich, dass diese Aufgaben **besonders für die stillen Schüler eine Chance** sind, gute Note zu „erarbeiten", denn meist ist es so, dass diese Schüler sich zwar nicht regelmäßig aktiv am Unterricht beteiligen, weil sie sich nicht trauen, aber trotzdem dem Unterricht folgen und eigentlich genau wissen, was von ihnen verlangt wird.

---

[24] Quelle: Ministerium der Justiz Rheinland-Pfalz,
http://landesrecht.rlp.de/jportal/portal/t/1n8u/page/bsrlpprod.psml/action/portlets.jw.MainAction?p1=1v&eventSubmit_doNavigate=searchInSubtreeTOC&showdoccase=1&doc.hl=0&doc.id=jlr-SchulORP2009pP51&doc.part=S&toc.poskey=#focuspoint

Trotzdem sollten Sie **genau abwägen, ob und wann Sie zu dem Instrument der HÜ greifen**, da es von den meisten Schülern als Zwangs- und starkes Kontrollinstrument empfunden wird und häufig schlechte Stimmung verbreitet – und dann kann das Unterrichten, besonders in einer schwierigen Klasse, noch schwieriger werden.

Bewertung von Lernzielkontrollen/Tests

© yanlev/Fotolia.com

Mehrmals im Jahr werden Sie kleine schriftliche Überprüfungen, sogenannte Lernzielkontrollen oder Tests, durchführen, z. B. am Ende einer Unterrichtsreihe oder nach drei bis vier Unterrichtsstunden oder sogar ganz regelmäßig jede Woche. Mit diesen Tests oder Lernzielkontrollen können Sie **überprüfen, ob die Lerninhalte von den Schülern auch wirklich gelernt wurden.** Dabei ist es manchmal sogar egal, ob die Inhalte wirklich verstanden wurden, z. B. dann, wenn Sie in den Fremdsprachen einen lektionsabschließenden Vokabeltest durchführen. „Verstehen" im Sinn von „aufnehmen, verarbeiten und auf neue Gebiete anwenden" werden Sie in diesem Fall nicht abfragen, sondern nur die Kenntnis der neuen Wörter. Ihre Erwartung an einen Vokabeltest ist nicht, dass mit dessen Hilfe die Sprach- und Sprechkompetenz Ihrer Schüler wächst und sie sich eloquenter und sicherer ausdrücken können, also ein höheres Sprachniveau erreichen.

Ganz grundsätzlich gehören Tests oder auch Lernzielkontrollen zum **üblichen, „normalen" Handwerkszeug des Lehrers**, um die Leistung der Schüler zu überprüfen und zu bewerten. Allerdings ist auch hier wieder zu beachten, dass einzelne Bundesländer **unterschiedliche Regelungen** für diese Art der schriftlichen Überprüfung haben. So gibt es z. B. in Rheinland-Pfalz die sogenannten „10-Stunden-Tests", die in vielen Regelungen einer Klassenarbeit entsprechen und damit in ihrer Bewertung schwerer ins Gewicht fallen, als dies ein „normaler" Test tun würde:

Schulordnung für die öffentlichen Realschulen plus, Integrierten Gesamtschulen, Gymnasien, Kollegs und Abendgymnasien (Übergreifende Schulordnung – SchulO RP)

vom 12. Juni 2009[25]

§ 52 Klassen- und Kursarbeiten, schriftliche Überprüfungen

(4) In Fächern, in denen keine Klassen- oder Kursarbeiten vorgesehen sind, kann in jedem Schulhalbjahr eine schriftliche Überprüfung angesetzt werden. Die schriftliche Überprüfung erstreckt sich höchstens auf die Unterrichtsinhalte der letzten zehn Unterrichtsstunden, darf bis zu 30 Minuten dauern und nicht in den letzten vier Wochen vor der Zeugniskonferenz geschrieben werden. In Fächern, in denen Klassen- oder Kursarbeiten vorgesehen sind, sind schriftliche Überprüfungen nicht zulässig.

Erkundigen Sie sich auch hier, wie die Regelungen in Ihrem Bundesland und an Ihrer Schulform aussehen. Vielleicht gibt es an Ihrer Schule sogar eine Vorgabe der Fachschaft, in der z. B. geregelt ist, dass pro Halbjahr nur ein Test (oder nur ein 10-Stunden-Test) geschrieben werden soll. Grundsätzlich gilt in Sachen **Terminplanung** aber bundesweit wie hier in Nordrhein-Westfalen: „Pro Tag darf nur eine schriftliche Klassenarbeit geschrieben oder eine mündliche Leistungsüberprüfung in modernen Fremdsprachen durchgeführt werden. An diesen Tagen dürfen keine anderen schriftlichen Leistungsüberprüfungen stattfinden, z. B. keine Tests."[26] Sollten Sie trotzdem an einem Tag einen Test schreiben, an dem die Schüler bereits eine Klassenarbeit geschrieben haben, ist diese Note ungültig, wenn die Eltern dagegen protestieren und Widerspruch einlegen. Erkundigen Sie sich also unbedingt im Terminplan für die Klassenarbeiten, der ja in den meisten Lehrerzimmern aushängt, ob für den Tag, an dem Sie einen Test oder eine Lernzielkontrolle schreiben möchten, bereits eine Klassenarbeit oder eine mündliche Prüfung in einer Fremdsprache geplant ist.

---

[25] Quelle: Ministerium der Justiz Rheinland-Pfalz, *http://landesrecht.rlp.de/jportal/portal/t/lzu/page/bsrlpprod.psml;jsessionid=593ACB42BE4DE11423CE3D8085618C75.jp14?doc.hl=1&doc.id=jlr-SchulORP2009rahmen%3Ajuris-lr00&documentnumber=1&numberofresults=154&showdoccase=1&doc.part=X&paramfromHL=true#jlr-SchulORP2009pP49*

[26] Quelle: Ministerium für Schule und Bildung des Landes Nordrhein-Westfalen, *www.schulministerium.nrw.de/docs/bp/Eltern/Rechtliches/Fragen-und-Antworten-zum-Unterricht/Leistungsbewertung-Klassenarbeiten/index.html*

Leistungserwartungen

Ein Test ist eine kurze und damit überschaubare Kontrolle zur augenblicklichen oder gerade beendeten Unterrichtsreihe oder zu einem Fachwissen, auf das die Schüler immer zurückgreifen müssen, um z. B. grammatisch korrekt zu formulieren, einen Rechenweg anzuwenden oder zu zeigen, dass sie den Wortschatz beherrschen. Er gibt also immer nur einen eingeschränkten Blick auf die Leistung des Schülers wieder. Dieser Ausschnitt kann natürlich erweitert werden, wenn Sie mehrere Tests verteilt über das gesamte Schuljahr schreiben. Wenn Sie allerdings einen Test am Ende einer Unterrichtsreihe schreiben, wie dies meist in den gesellschaftswissenschaftlichen Fächern, wie Geschichte, Politik oder Erdkunde, der Fall ist, fragen Sie in der Regel den gesamten Stoff der Reihe ab und beschränken sich nicht nur auf einen Ausschnitt.

Außerdem müssen Sie entscheiden, ob Sie den Test oder die Lernzielkontrolle ankündigen oder einen unangekündigten Test schreiben. Bei einem angekündigten Test können Sie davon ausgehen, dass wenigstens ein Teil Ihrer Schüler den Stoff der vergangenen Stunden noch einmal anschaut. Ein unangekündigter Test wird mit an Sicherheit grenzender Wahrscheinlichkeit eher sehr schlecht ausfallen. Dies sollten Sie möglichst vermeiden.

Bewertungsstrategien

Da es an einem Großteil der Schulen und in den meisten Fächern, in denen keine Klassenarbeiten geschrieben werden, durchaus üblich ist, dass am Ende einer Unterrichtsreihe ein Test/eine Lernzielkontrolle über den gesamten Stoff der Reihe geschrieben wird, haben Sie auch hier im Laufe eines Schuljahres mehrmals das „Vergnügen", Tests zu korrigieren und die Leistung der Schüler zu bewerten. Machen Sie sich die Arbeit dabei so einfach wie möglich, denn daneben haben Sie immer noch die „großen" Brüder der Tests, die Klassenarbeiten, zur Korrektur.

Grundsätzlich können Sie zwischen zwei Aufgabentypen wählen:
- Abfrage von Wissen
- Anwenden von Kompetenzen

Beschränken Sie sich bei den normalen Tests und Lernzielkontrollen **größtenteils auf die einfache Wissensabfrage** und ergänzen Sie nur an der einen oder anderen Stelle eine Aufgabe, die das Anwenden einer erlernten Kompetenz verlangt. Darüber hinaus sollten Sie bei der Konzeption und beim Bewerten folgende Punkte beachten:
- Der Test/die Lernzielkontrolle sollte nicht zu lange dauern. Die Aufgaben sollten idealerweise in 10–15 Minuten gelöst werden können.

- Konzipieren Sie die Aufgaben korrekturfreundlich (vgl. „Korrekturfreundliche Aufgabentypen“ auf der nächsten Seite). So sparen Sie Zeit bei der Korrektur.
- Korrigieren Sie den Test/die Lernzielkontrolle schnell, damit die Schüler weiter motiviert werden, mitzuarbeiten.

Tipps aus der Praxis:

- Als letzte Zeile unter den Aufgaben sollten Sie die Möglichkeit einplanen, sich **von den Eltern mangelhafte und ungenügende Ergebnisse unterschreiben zu lassen** („Von der Bewertung des Tests habe ich Kenntnis genommen: ...“). So haben Sie die Gewähr, dass die Eltern auch zwischen den Zeugnissen und den Elternsprechtagen über die Noten informiert sind.
- Vermerken Sie neben der Unterschrift der Eltern auch einen kurzen **Hinweis zur augenblicklichen Note der Sonstigen Mitarbeit** („Note der Sonstigen Mitarbeit zzt.: ...“). So informieren Sie die Eltern auch zwischendurch über den Leistungsstand der Schüler.

Korrekturfreundliche Aufgabentypen für Tests und Lernzielkontrollen

Dem großen Korrekturaufwand können Sie schon bei der Konzeption der Tests und Lernzielkontrollen entgegenwirken – indem Sie möglichst solche Aufgabenformen zusammenstellen, die sich später leicht und schnell korrigieren lassen. Im Folgenden werden einige dieser korrekturfreundlichen Aufgabenformen aufgeführt und genauer beleuchtet[27]:

Multiple Choice

Multiple-Choice-Aufgaben sind DER Klassiker im Bereich der korrekturfreundlichen Tests oder Lernzielkontrollen. Sie stellen eine Frage und geben mehrere Antwortmöglichkeiten vor, von denen die richtige (oder die richtigen) angekreuzt werden müssen. Wichtig ist hier, dass die Antworten kurz und prägnant formuliert werden.

Vorteil: Die Fragen und Antworten sind bei der Erstellung des Tests in der Regel schnell geschrieben. Außerdem sehen Sie auf einen Blick, ob der Schüler die Frage richtig oder falsch beantwortet hat. Wenn Sie den Multiple-Choice-Test als „Wer wird Millionär?“-Quiz verpacken, sind die Schüler in der Regel besonders motiviert.

[27] Internet-Links zu hilfreichen Online-Tools, mit denen Sie diese Aufgabentypen in Ihre Aufgabenblätter einbauen können, finden Sie in den Medientipps am Ende des Buches ab S. 157.

Tipp zur Korrektur: Formatieren Sie den Aufgabenzettel so, dass die Antwortmöglichkeiten und deren Ankreuzkästchen alle bündig untereinanderstehen. Kreuzen Sie einmal alle korrekten Antworten an und schneiden den Streifen mit den Ankreuzkästchen ab. Diesen legen Sie dann bei der Korrektur neben das Arbeitsblatt des jeweiligen Schülers und können direkt ablesen, wo die Kreuze richtig gesetzt wurden.

Kreuzworträtsel

Kreuzworträtsel lassen sich mithilfe eines Online-Generators schnell und einfach zu jedem Thema und oft mit unterschiedlichen Schwierigkeitsgraden erstellen.

Vorteil: Ein einmal generiertes Kreuzworträtsel können Sie immer erweitern und wieder einsetzen. Es motiviert die Schüler immer wieder.

Tipp zur Korrektur: Erstellen Sie nur Rätsel mit einem Lösungswort. Sie brauchen dann bei der Korrektur nicht das gesamte Rätsel zu überprüfen, sondern müssen nur das Lösungswort abgleichen (vorausgesetzt, Sie akzeptieren, dass die Schüler in Teilen durch Kombinieren auf die Lösung gekommen sind und das Rätsel eventuell nicht ganz lückenlos ausgefüllt haben).

Schütteltexte

Schütteltexte sind meist Sachtexte, bei denen nummerierte Absätze (leichte Variante) oder einzelne Sätze (schwierigere Variante) umgestellt, also „durcheinandergeschüttelt" wurden. Der Schüler muss dann die richtige Reihenfolge wiederherstellen und diese z. B. durch Eintragung der Absatz-/Satznummern in eine Kästchenreihe anzeigen:

2	1	5	3	4	6

Vorteil: Im Internet finden Sie zu allen Themenbereichen Sachtexte in unterschiedlichen Längen, die Sie einfach kopieren, ggf. leicht verändern und „schütteln" können. Die Korrektur erfolgt dann sehr schnell einfach durch Abgleich der vom Schüler notierten Zahlenreihenfolge.

Lückentexte

Lückentexte sind Texte, bei denen einzelne Wörter durch Schreiblinien ersetzt werden. Diese Lücken müssen dann von den Schülern sinnvoll gefüllt werden. Sie können sich dabei aus einem Pool/Wortspeicher bedienen (leichte Variante) oder frei arbeiten (schwierige Variante).

Vorteil: Online finden Sie zu allen Themenbereichen unterschiedlich lange Sachtexte, die Sie kopieren, leicht verändern und mit Lücken versehen können.

Tipp zur Korrektur: Sie brauchen nur die Lückenwörter zu kontrollieren. Nach drei bis vier Texten haben Sie die einzusetzenden Wörter bereits im Kopf und brauchen nicht einmal mehr eine Liste.

Gitterrätsel

In einem Gitterrätsel sind waagerecht und senkrecht (leichte Variante) und/oder diagonal (schwere Variante) Wörter im Buchstabensalat versteckt, die gefunden werden müssen. Die Wörter können in einem Pool/Wortspeicher vorgegeben werden (leichte Variante) oder es wird nur die Anzahl der versteckten Wörter genannt (schwere Variante).

Vorteil: Wenn nicht zu viele Wörter versteckt sind, ist diese Variante sehr motivierend.

Nachteil: Die Schüler neigen aus Freude über einen Erfolg dazu, ein gefundenes Wort in die Klasse zu rufen.

Tipp zur Korrektur: Lassen Sie die Schüler die Wörter farbig markieren und prägen Sie sich das Bild der Markierungen ein, so können Sie auf einen Blick sehen, ob und wo etwas fehlt, und dann genauer kontrollieren. Eventuell ziehen Sie die korrekten Markierungen auch auf eine Folie, die Sie über die Arbeitsblätter der Schüler legen. So geht der Abgleich noch schneller.

Pärchensuche

Hier werden je nach Fach Bildpaare gesucht, Wort-Bild-Zuordnungen gemacht oder Jahreszahl-Ereignis-Zuordnungen vorgenommen. Dadurch ergeben sich eine Vielzahl von Einsatzmöglichkeiten dieses Aufgabenformats. Für den Aufgabenzettel schreiben/kopieren Sie einfach in zwei Spalten untereinander die Bilder, Wörter oder Jahreszahlen, sodass die Schüler dann zwischen den Einträgen der linken und der rechten Spalte Verbindungslinien ziehen müssen

Vorteil: Haben Sie die Aufgabenzettel einmal erstellt, kann die spielerische Pärchensuche immer wieder eingesetzt werden – nicht nur für Tests, sondern z. B. auch für Vertretungsstunden, für die Sie dann schnell passendes und motivierendes Material zur Hand haben.

Tipp zur Korrektur: Fertigen Sie auch hier vorab eine „Korrekturfolie" an, auf der Sie die richtigen Verbindungslinien mit einem Folienstift eintragen. Diese können Sie bei der Korrektur einfach auf die Schülerlösung legen und sehen schnell, wo etwas nicht passt.

Team-Coaching

Das Team-Coaching ist eine Methode der Wiederholung einer Unterrichtsreihe für die gesamte Lerngruppe, die Sie in einer Schulstunde durchführen können, ohne dass die Schüler den Kontrollcharakter erkennen.

Ablauf: Zwei Schüler bereiten mithilfe aller in der Unterrichtsreihe genutzten Materialien (Buch, Heft/Mappe) außerhalb des Klassenraumes in 15 Minuten einen kurzen Vortrag zum Reihenthema vor. Dafür erstellen sie einen Stichwortzettel.
In der Zwischenzeit werden mit der restlichen Lerngruppe im Klassenraum an der Tafel besonders wichtige Stichworte gesammelt, die unbedingt im Vortrag vorkommen müssen. Sie reduzieren diese Stichworte auf zehn und lassen diese von den Schülern abschreiben, bevor sie die Tafel schließen. Die beiden Schüler dürfen nun ihren Vortrag halten und dabei werden die einzelnen Stichworte abgehakt, wenn sie genannt sind.

Vorteil: Sie wiederholen die gesamte Reihe in einer einzigen Stunde, erhalten einen Überblick über die Sachkenntnisse einzelner Schüler und prüfen zwei von Ihnen ausgewählte Kandidaten intensiv. Die Schüler sind dabei motiviert, da ihnen der Prüfungscharakter nicht bewusst ist.

Nachteil: Im Gegensatz zu einem normalen Test/einer normalen Lernzielkontrolle erhalten Sie hier keine vergleichbaren Leistungen aller Schüler.
In jedem Fall bietet es sich an, diese Methode über das Schuljahr verteilt regelmäßig anzuwenden und dabei immer einem anderen Team die Aufgabe der Vortragsvorbereitung zuzuteilen.

Methoden des offenen Unterrichts

© Stefan Schilling/akg-images

Unterricht ist seit vielen Jahren **im Wandel**, denn nicht nur die Schüler und ihr Leistungs- und Lernverhalten ändern sich, auch die **Unterrichtsmethoden und didaktische Prinzipien wechseln**. Der „klassische" Frontalunterricht war lange Zeit das Maß aller Dinge, dann wurden Partner- oder Gruppenarbeit propagiert. Anschließend verschob sich der Fokus auf das selbstständige und eigenverantwortliche Arbeiten im sogenannten „offenen Unterricht", dann wiederum waren die kooperativen Lehrmethoden in aller Munde. Und inzwischen hört man wieder, dass der Frontalunterricht doch für manche Zwecke auch gute Seiten habe …

Heute haben wir Lehrer also einen bunten Strauß an Methoden und Prinzipien für verschiedenste Unterrichts- und Sozialformen zur Verfügung und können auswählen, was zur jeweiligen Situation, zum Lernstoff und zu unserer Lerngruppe passt. Unsere Materialien, die Vorbereitungen der Reihen, den Unterrichtsablauf und **unsere Erwartungen** an die Schüler **passen wir flexibel an die wechselnden Modalitäten an, genau wie unsere Bewertungen** der Schülerleistungen.
Während die Bewertung der „klassischen" Sonstigen Schülerleistungen – also mündliche Mitarbeit, Referate, Mappenführung, Tests etc. – in der Regel wenig grundsätzliche Fragen aufwirft, eben weil diese Formen der Schülerleistungen bereits altbekannt sind und der Umgang damit schnell selbstverständlich erscheint, herrschen bei der **Leistungsbewertung der offenen Sonderformen im Unterricht** – z. B. kooperatives Lernen, Portfolioarbeit, Stationenlernen oder Freiarbeit – **häufig noch Unsicherheiten**. Aus diesem Grund finden Sie auf den folgenden Seiten nähere Erläuterungen und hilfreiche Tipps zu den wichtigsten bzw. momentan verbreitetsten Formen dieser Unterrichtsart.

© Robert Kneschke/Fotolia.com

Bewertung von eigenverantwortlichem Arbeiten (EVA)

Ein grundsätzlicher Bestandteil des offenen Unterrichts ist der Bereich des eigenverantwortlichen Arbeitens, oft einfach mit EVA abgekürzt, der zur **aktiven mündlichen Mitarbeit** zählt. Die Schüler sollen mit dieser offenen Methode Schlüsselkompetenzen, wie Selbstständigkeit, Zielstrebigkeit und Teamfähigkeit, aber auch Kommunikations- und Kooperationsfähigkeit sowie Handlungs- und Entscheidungsfähigkeit entwickeln.
Sie als Lehrer gestalten dafür mit Materialien aus möglichst vielen Bereichen (Exponate, Bücher, Lexika, Bilder, Fachzeitungen, Internet, Experimentiermaterial etc.) die Lernumgebung, in der die Schüler recherchieren, planen, experimentieren, diskutieren ... und so eigenverantwortlich zu einem Lernerfolg gelangen.
Zum Bereich EVA gehören alle **offenen Arbeitsformen, in denen die Schüler selbstständig ihren Lernprozess organisieren**, egal ob dies allein oder mit einem Partner bzw. in einer Gruppe geschieht. Die klassischen Methoden sind hier **Freiarbeit, Stationenlernen, Wochenplanarbeit, Projektarbeit** usw. Auch die kooperativen Lern- und Lehrmethoden, die sich im Unterrichtsalltag immer mehr durchsetzen, fallen vom Prinzip her ins eigenverantwortliche Arbeiten, denn jeder Schüler muss je nach gewählter Methode selbstständig entscheiden, wann er Kontakt zu einem Mitschüler aufnimmt, um mit ihm an einer Aufgabe weiterzuarbeiten. Außerdem muss die Zusammenarbeit von den Schülern eigenverantwortlich koordiniert werden. Aus diesem Grund können Sie die hier aufgeführten Vorschläge und Tipps zur Bewertung **ebenso für die Benotung des kooperativen Lernens** umsetzen.

Tipp aus der Praxis:

Während des EVA und überhaupt allen offenen Unterrichtsmethoden sind Sie als Lehrer nur Lernberater. Geben Sie bei Problemen Tipps und zeigen Sie Wege auf, die die Schüler gehen können, um eigenständig zu einer Lösung zu kommen. Wenn die Schüler aber eigene Wege finden, ist dies auch o. k. und widerspricht nicht Ihrer Beratung. Ein Rat muss ja nicht angenommen werden und dass die Schüler ganz individuell ihre kreative Problemlösefähigkeit entwickeln, ist gewünscht.

Ein **besonderes Problem**, auf das Sie – im Gegensatz zum verbreiteteren lehrerzentrierten Unterricht – **beim eigenverantwortlichen und kooperativen Arbeiten** immer wieder stoßen werden, ist die Tatsache, dass die Schüler heutzutage häufig sehr eng angeleitet werden müssen und dies deshalb auch gewohnt sind.

Die Organisation ihrer eigenen Arbeit, das selbstständige und selbstkritische Reflektieren, das neuerliche Suchen eines Arbeitspartners und Zusammenfinden mit den neuen Partnern und das freie und eigenständige Denken sowie das Umsetzen der gewonnenen Erkenntnisse ohne Anweisung des Lehrers **überfordert viele Schüler.** Sie vermissen die lenkende und leitende Hand des Lehrers und stellen oft erst einmal jegliche eigenständige Mitarbeit oder die freiwillige Zusammenarbeit mit einem eventuell „ungeliebten" Partner ein, sobald sie an ihre Grenzen stoßen und/oder z. B. in der Gruppenarbeit die Hoffnung hegen, dass ein Mitschüler die gestellte Aufgabe für sie mit übernimmt.
Hier hilft es, den Schülern **immer wieder bewusst zu machen**, dass die o. g. Schlüsselkompetenzen, die sie im EVA mit wechselnden Sozialformen trainieren, **unabdingbare Voraussetzungen für einen erfolgreichen Einstieg ins Berufsleben** sind – wer nicht auf diese beruflichen Anforderungen vorbereitet ist, wird kläglich scheitern. Nur wenn die Schüler die Vorteile und Chancen erkennen, die ihnen das eigenverantwortliche Arbeiten bringt, werden sie aktiv, eigenständig und eigenverantwortlich an den ihnen gestellten Aufgaben arbeiten.

Tipp aus der Praxis:

Um diese Überforderung der Schüler zu minimieren oder gar komplett zu verhindern, **bauen Sie EVA-Phasen und kooperatives Lernen bereits in der Erprobungsstufe in Ihren Unterricht ein**. Starten Sie mit kleinen Projekten, Freiarbeitsphasen oder Lernstationen, die sich nur über ein bis drei Stunden hinziehen, und erklären Sie von Anfang an genau, welche Arbeitsleistung Sie erwarten, welche Hilfestellung Sie geben und wie Sie welche Teilleistung bewerten. So können Sie Ihre Anforderung im Laufe der Zeit weiter steigern, ohne dass die Schüler wegen Überforderung „dichtmachen".

Anfangs werden Sie hier mehr Zeit und Arbeit für die Vorbereitung und auch für die Betreuung während der Arbeitsphasen haben, aber wenn die Schüler erkannt haben, dass eigenverantwortliches und kooperatives Arbeiten für sie von Vorteil ist, weil sie z. B. für ihr eigenes Zeitmanagement verantwortlich sind oder sie Material oder Zugangsweise zu einem Problem selbstständig wählen können, gelingt diese Arbeitsform gut und entlastet Sie bei den Vorbereitungen – und vor allem werden Sie bald deutlich weniger Zeit fürs Organisieren und Helfen aufbringen müssen und können sich stattdessen mehr und mehr aufs Beobachten und Bewerten konzentrieren.

Leistungserwartungen

Während die Schülerleistungen bei einem schriftlichen Test auf einem oder mehreren Blättern Papier übersichtlich zusammengetragen sind und Sie diese in Ihrem eigenen Tempo durchsehen, vergleichen und bewerten, ja sogar zurückblättern und in Ruhe Notizen machen können, stehen Sie bei der Beurteilung des eigenverantwortlichen Arbeitens vor der Herausforderung, dass z. T. sehr unterschiedliche, vielseitige Arbeitsergebnisse entstehen und dass Sie die **Schüler in Echtzeit beobachten** und dabei mehr oder weniger gleichzeitig auf ganz viele verschiedene Aspekte achten müssen. Denn neben dem reinen **Lernergebnis**, das am Ende der EVA-Phase steht, gilt es auch, den eigentlichen **Prozess des EVA** zu beurteilen. Dabei haben Sie in der Regel **drei Schwerpunkte:** Die Leistungen der Schüler lassen sich hier dem Lernverhalten, dem Arbeitsverhalten oder auch dem Sozialverhalten zuordnen, also dem Umgang mit einem oder mehreren Partnern. All dies muss in Ihre Bewertung einfließen. Dafür sollten Sie sich **während der Beobachtung der EVA-Phasen** zu jedem einzelnen Schüler grundsätzlich folgende **Leitfragen** stellen:

Zum Lernverhalten

- Welchen Wissenszuwachs erarbeitet sich der Schüler allein oder mit Partnern?
- Welche eigenen Erkenntnisse und Schlüsse zieht er aus dem angebotenen Material und aus der Zusammenarbeit mit anderen Schülern?

Zum Arbeitsverhalten

- Welche eingeübten Methoden, z. B. das Markieren eines Textes oder Visualisieren von Lernergebnissen, wendet der Schüler an?
- Wie organisiert der Schüler seine Arbeit? (Planung, Durchführung, Kontrolle)
- Wie konzentriert und ausdauernd arbeitet er? (Konzentrationsfähigkeit, „Störanfälligkeit")
- Wie selbstständig arbeitet er allein oder mit anderen zusammen? (adressatenbezogene Kompetenzen in den Bereichen Sprechen/Zuhören oder Schreiben, Vorkenntnisse, Problemlösungsverhalten)
- Wie engagiert arbeitet er? (Eigeninitiative, Zielstrebigkeit, Reflexionsfähigkeit, Kritikfähigkeit)

Zum Sozialverhalten

- Wie rücksichtsvoll bzw. hilfsbereit ist der Schüler bei der Arbeit? (Kooperationsfähigkeit, Kommunikationsfähigkeit)
- Wie kollegial arbeitet er mit dem Partner oder den Gruppenmitgliedern zusammen? (Teamfähigkeit)

Ganz grundsätzlich lässt sich festhalten, dass sich die von Ihnen beobachteten und bewerteten Leistungen während der EVA-Phasen nicht allzu sehr von den Bewertungskriterien in der allgemeinen mündlichen Mitarbeit unterscheiden (vgl. dazu Kapitel „Mündliche Beiträge zum Unterricht" ab S. 68).

Die **Leistungserwartungen in Sachen Lernergebnis am Ende der EVA-Stunden** lassen sich z. B. anhand einer überzeugenden, souverän vorgetragenen **Präsentation** und an einer fachlich und gestalterisch gut ausgearbeiteten **Dokumentation** festmachen (die allerdings nicht in allen Fällen einer eigenverantwortlichen Arbeit verlangt werden muss), bspw. in Form einer Mappe, in der die Arbeitsergebnisse zusammengetragen und der Lernprozess festgehalten werden. Die Präsentation sollte frei vorgetragen werden, wobei natürlich ein Stichwortzettel benutzt werden darf. Aber machen Sie den Schülern vorher klar, dass das Ablesen eines vorgefertigten Textes nicht nur langweilig ist, sondern auch keine Präsentation eines Arbeitsergebnisses im eigentlichen Sinne darstellt, denn auch der freie Vortrag gehört zu einer gelungenen Präsentation dazu.
Bedenken Sie außerdem, dass die gestalterische Ausführung einer Dokumentation ein Nebenaspekt in Ihrer Bewertung bleiben muss, denn als Ergebnis der eigenverantwortlichen Arbeit zählt in erster Linie der erarbeitete Inhalt der Dokumentation. Der fachliche Inhalt sollte also immer im Vordergrund stehen (es sei denn, Sie haben ganz konkrete Vorgaben zur Gestaltung gemacht und angekündigt, dass diese auch maßgeblich mitbewertet wird).

In allen Varianten des eigenverantwortlichen und des kooperativen Arbeitens ist es wichtig, dass Sie den Schülern die **Kriterien der Leistungsbewertung transparent machen**, denn nur wenn die Schüler erkennen, welche Leistung von ihnen erwartet wird, können sie diese auch gezielt bringen und aktiv an den gestellten Aufgaben arbeiten, egal ob allein, mit einem Partner oder in der Gruppe.
Deshalb sollten Sie vor den EVA-Phasen Ihre Erwartungen in einem Kriterienkatalog zusammenfassen, diesen als Kopie den Schülern zur Verfügung stellen und ausführlich besprechen. So hat jeder Schüler die Möglichkeit, seine Leistung während der Arbeitsphasen, seine Präsentation der Arbeitsergebnisse und die eventuell geforderte Dokumentation in einer Art Selbstevaluation noch einmal kritisch zu hinterfragen und Änderungen vorzunehmen. Dies fördert die **Lernreflexion** und ermöglicht es dem Schüler, seine Leistungen gegebenenfalls zu steigern, um eine bessere Bewertung zu erhalten.
Erkundigen Sie sich am besten in Ihrer Fachschaft, ob es solch einen generellen Leistungskatalog für EVA in Ihrem jeweiligen Fach bereits gibt, und lassen Sie ihn sich aushändigen. Sollte dies nicht der Fall sein, können Sie in der nächsten

Fachschaftssitzung Ihren eigenen Leistungskatalog vorstellen und ihn eventuell in das Leistungsbewertungskonzept des Fachs einfügen lassen.
Auf der folgenden Seite finden Sie ein Beispiel für einen solchen Kriterienkatalog, der sowohl die Leistungen während des eigenverantwortlichen Arbeitens als auch die daraus resultierenden Arbeitsergebnisse zusammenfasst. Die Formulierungen der Leistungserwartungen sind dabei zwecks besserer Vergleichbarkeit eng an jene zur mündlichen Mitarbeit angelehnt.

Kriterienkatalog zur Leistungsbewertung: EVA

Note	**Leistungserwartungen** *Qualität (Quali), Quantität (Quanti), Gedächtnisleistung (GL), Problemlösungsfähigkeit (Pr)*
1	S wirkt maßgeblich an Planung, Durchführung und Nachbereitung mit. (Quanti/Quali) S bringt eigene Kenntnisse (Vorwissen) und Ideen zielführend und adressatenbezogen ein. (Quali/Pr) S stellt Fakten und Zusammenhänge, Verlauf und Ergebnisse der Arbeit umfassend strukturiert und überzeugend dar. (GL/Quali) S legt eine fachlich und gestalterisch gut ausgeführte Dokumentation der Arbeit vor. (Quali)
2	S wirkt aktiv an Planung, Durchführung und Nachbereitung mit. (Quali/Quanti/Pr/GL) S stellt Verlauf und Ergebnisse vollständig, richtig und verständlich dar. (Quali/GL) S reflektiert die eigene Arbeit und findet ansatzweise Verbesserungsmöglichkeiten. (Pr) S legt eine fachlich und gestalterisch fast komplette Dokumentation vor. (Quali)
3	S beteiligt sich an Planung, Durchführung und Nachbereitung. (Quanti/Pr) S bringt wichtige Kenntnisse ein. (Quali/GL) S stellt Verlauf und Ergebnisse der Arbeit in den wesentlichen Punkten richtig und nachvollziehbar dar. (Quali) S reflektiert mithilfe des Lehrers die eigene Arbeit. (Pr) S legt eine in den wesentlichen Punkten vollständige Dokumentation vor. (Quali)
4	S beteiligt sich an den Arbeiten. (Quanti/Pr) S bringt eigene Kenntnisse ein. (Quali/GL) S kann Verlauf und Ergebnisse der Arbeit in den Grundzügen richtig darstellen. (Quali) S legt eine in den Grundzügen zusammengefasste Dokumentation vor. (Quali)
5	S arbeitet nur nach Anweisung des Lehrers. (Quanti) S beteiligt sich nur wenig an den Arbeiten. (Quanti/Quali/Pr/G) S bringt keine eigenen Kenntnisse ein. (Pr/GL) S kann Verlauf und Ergebnisse nur unzureichend erklären. (Quali/Pr) S legt nur eine stichwortartige Dokumentation vor. (Quali)
6	S beteiligt sich auch nach Aufforderung durch den Lehrer nicht an den Arbeiten. (Quanti/Quali/Pr/GL) S kann Fragen zu Verlauf und Ergebnis der Arbeit nicht beantworten. (Quali) S legt keine Dokumentation vor. (Quali)

Grundsätzlich gilt: In der Sek I werden Sie Ihre Schüler in allen Schulformen erst langsam an diese ungewohnte (bzw. in den Grundschulen sehr unterschiedlich angelernte) Arbeitsform heranführen (und diese entsprechend bewerten) müssen, während in der Sek II eigenverantwortliches Arbeiten bereits regelmäßig durchgeführt wird – hier können Sie durchaus von den Schülern erwarten, dass sie diese Arbeitsform beherrschen.

Bewertungsstrategien

Bei Ihren Bewertungen von Schülerleistungen im eigenverantwortlichen Lernen müssen Sie, wie gesagt, zwei unterschiedliche Aspekte berücksichtigen: Einerseits bewerten Sie das Verhalten während der Arbeitsphasen im **EVA-Prozess**, andererseits auch das **Lernergebnis** am Ende. Beides sollte in einem ausgewogenen Verhältnis zueinander stehen.

Wenn Sie den EVA-Prozess bewerten, berücksichtigen Sie alle Leistungen, die Sie während der Arbeitsphasen am Wochenplan, am Projekt, an den Stationen o. Ä. beobachtet haben. Diese Beobachtungen beziehen sich wieder auf die o. g. drei Bereiche Lern-, Arbeits- und Sozialverhalten, wobei die letzten beiden hier einen Schwerpunkt bilden. Aber auch das Lernverhalten kann während des offenen Unterrichts beobachtet werden, denn es ist durchaus möglich und wünschenswert, dass erlangte Erkenntnisse und Lösungen in den weiteren Verlauf des Arbeitsprozesses einbezogen werden.

Tipp aus der Praxis:

Auch in den offenen Phasen des eigenverantwortlichen (und kooperativen) Lernens ist es sinnvoll, begleitend zum Notenheft ein zusätzliches **Notizbuch** zu führen, in dem Sie regelmäßig kurz notieren, welche Beobachtungen Sie zum Lern-, Arbeits- und Sozialverhalten gemacht haben. Sie können entscheiden, ob Sie Ihre Beobachtungen täglich oder wöchentlich festhalten. Gerade bei den vielschichtigen und nur sehr schwer greifbaren Leistungen des eigenverantwortlichen Lernens sind solche Notizen äußerst hilfreich, um Ihre Bewertungen gegenüber den Schülern, den Eltern, den Kollegen oder der Schulleitung zu begründen.

Eine **besondere Stolperfalle** bei der Bewertung (und schon bei der Durchführung) von EVA-Phasen ist die Tatsache, dass das **Arbeiten mit Partner oder in Gruppen von vielen Schülern kritisch gesehen** wird, weil sie befürchten, dass ihr Anteil an der gemeinsamen Arbeit zu gering bewertet werden könnte, dass ein Gruppenmitglied oder der Arbeitspartner sich weniger engagiert als sie selbst oder dass der Partner bzw. die anderen Gruppenmitglieder dem eigenen

guten Ergebnis im Weg stehen könnten (oft sind es die guten oder sehr guten Schüler, die diese Befürchtung hegen). Hier gilt es beim Bewerten also in besonderem Maße, den Aspekt der **Fairness und Transparenz** in den Fokus zu rücken, um den Schülern diese Ängste zu nehmen bzw. sich nicht angreifbar zu machen. Doch wie gehen Sie dabei am besten vor?
Zunächst einmal wenden Sie den Unmut der Schüler schon dadurch ab, dass Sie Ihre **Bewertungskriterien von Anfang an klar offenlegen** (vgl. Beispiel-Leistungskatalog EVA auf S. 117 sowie Beispiel-Bewertungsbogen für die Dokumentationsmappe auf S. 122). Um zu verhindern, dass sich einzelne Schüler in der Gruppenarbeit „auf die faule Haut" legen und den besonders engagierten Schülern die Arbeit überlassen, hilft auch der Trick, **erst kurz vor der Präsentation** der Arbeitsergebnisse **festzulegen, wer diese übernehmen soll.** So haben alle Schüler den Ansporn, sich engagiert einzubringen und sich auf die Präsentationsaufgabe gut vorzubereiten, denn es könnte ja theoretisch jeden treffen. Wer letztendlich präsentiert, sollte der **Zufall** entscheiden – um nicht den Eindruck zu erwecken, dass doch immer die leistungsstarken Schüler diese Rolle übernehmen dürfen bzw. müssen. Bereiten Sie dafür bspw. kleine Namenskärtchen vor, aus denen verdeckt gezogen wird, wer das Präsentieren übernimmt. Statt Namenskärtchen können Sie auch allgemeine Formulierungen auf die Karten schreiben, z. B. „Es trägt derjenige vor, der die meisten Geschwister hat." oder „Es trägt der Älteste/Jüngste der Gruppe vor" – so sparen Sie sich das Sortieren der Karten und haben vor allem überraschende Losvarianten parat, die den Schülern deutlich mehr Spaß machen.
Darüber hinaus besteht die Möglichkeit, die Schüler entscheiden zu lassen, ob sie eine **gemeinsame Gruppennote** bekommen möchten, oder ob jeder einzelne eine **individuelle Note** erhalten soll. Wünschen die Schüler individuelle Noten, können Sie sie auch in die Bewertung mit einbeziehen: Bereiten Sie einen Bewertungsbogen vor, den die Schüler im Anschluss an die Partner- oder Gruppenarbeit für den Partner bzw. die anderen Gruppenmitglieder ausfüllen müssen (vgl. Beispiel unten). Lassen Sie die Ergebnisse dieses **„Schüler bewerten Schüler"-Instruments** dann auch in Ihre Abschlussbewertung mit einfließen. Gerade wenn die Schüler mitbewerten, ist es wichtig, die Bewertungskriterien vorab für alle ganz klar zu definieren und zu erklären – denn nur bei identischen Kriterien ist ein Vergleich zwischen Ihren Bewertungen und denen der Schüler möglich. Ein denkbares Vorgehen bei der Schüler-Mitbewertung wäre das folgende: Stellen Sie jedem Schüler einen Punkte-Pool zur Verfügung, der sich wie folgt berechnet: (Gruppengröße – 1) x 5 Punkte. Bei einer 5er-Gruppe stehen jedem Schüler also 20 Punkte zur Verfügung, die er auf seine vier Mitschüler verteilen kann (die Schüler bewerten nicht sich selbst; deshalb „Gruppengröße – 1"). Die Punktevergabe erfolgt je nachdem, wie sehr sich die anderen Gruppenmitglieder eingebracht haben und am Gruppenergebnis be-

teiligt waren: Die engagierten Schüler, die Aufgaben und Verantwortung in der Gruppe übernommen haben oder die bis zum Schluss konzentriert und konstruktiv mitgearbeitet haben, erhalten mehr Punkte, während Schüler, die sich nur mäßig beteiligten und deren Ausdauer sehr überschaubar war, weniger Punkte erhalten. Legen Sie den dafür vorbereiteten Bewertungsbogen etwas abseits der Gruppe aus, damit jeder unbeobachtet seine Punkte eintragen, aufkleben oder aufmalen und eine kurze Begründung dazu notieren kann. Aus den Punkten, die die Gruppenmitglieder einander gegeben haben, wird dann für jeden Schüler der Durchschnitt gebildet (den Sie mit Ihren eigenen Beobachtungen vergleichen können). Steht am Ende genug Zeit zur Verfügung, sollten Sie mit jeder Gruppe diese Punktevergabe besprechen; ist dies nicht der Fall, lassen Sie jeweils eine kurze Begründung aufschreiben, damit Sie die Vergabe der Punkte nachvollziehen können. Achtung: Eine wichtige Voraussetzung für das Gelingen der „Schüler-Mitbewertung" ist, dass zwischen den Gruppenmitgliedern ein gutes Vertrauensverhältnis herrscht! Sonst entstehen schnell Vorwürfe, wie z. B.: „Der Johann mag mich nicht und gibt mir ohne Grund eine Fünf bzw. nur einen Punkt!"

Beispiel für einen Bewertungsbogen zur Schüler-Mitbewertung für eine Gruppenarbeit

Bewertungsbogen Gruppenarbeit

Gruppe A: Jessica, Hannah, Ali, Sevda, Ricardo

Punkte-Pool: 20 Punkte

Name:	Diese Punkte vergebe ich:	Begründung:
Jessica	4 P. 3 P. ...	gute Mitarbeit Mitarbeit war meist gut ...
Hannah	6 P.	gute Beiträge, viele Infos eingebracht, Plakat ... ...
Ali	6 P.	gute Beiträge, Recherchearbeit, Präsentation ... ...
Sevda	3 P.	gute Mitarbeit ... ...
Ricardo	1 P.	kaum Mitarbeit, hat gestört ... ...

Wenn Sie das Lernergebnis bewerten, berücksichtigen Sie nur das reine Ergebnis am Ende des eigenverantwortlichen Lernens. Sie betrachten also die Dokumentationsmappe, das entstandene Plakat, die Power-Point-Präsentation o. Ä. und den dazugehörenden Vortrag (bzw. den jeweiligen Anteil am Vortrag, wenn mehrere Schüler das Präsentieren untereinander aufteilen).
Als Hilfestellung zur Beurteilung der Dokumentationsmappe kann Ihnen der Bewertungsbogen auf der folgenden Seite gute Dienste leisten. Es bietet sich auch an, ihn vorab als Kopie auszuteilen und mit den Schülern zu besprechen, damit von vornherein klar ist, was Sie von den Schülern erwarten.

Bewertungsbogen einer Dokumentationsmappe im Bereich des EVA

Name: ______________________________

1. Äußere Form	☺☺ immer 3	☺ meist 2	☹ selten 1	☹☹ nie 0	**Punkte**
Deine Mappe ist sauber, nicht geknickt, nicht beschmiert.					
Deine Seiten haben Überschrift und Datum.					
Du schreibst leserlich und ordentlich.					
Gesamtpunkte „Äußere Form“:					/9
2. Inhalt	☺☺ immer 3	☺ meist 2	☹ selten 1	☹☹ nie 0	**Punkte**
Du schreibst in ganzen Sätzen.					
Du schreibst so, dass man nachvollziehen kann, was du meinst.					
Du hast die einzelnen Aufgaben gründlich bearbeitet.					
Du hast konzentriert und beständig an deinen Aufgaben gearbeitet.					
Gesamtpunkte „Inhalt“:					/12
3. Rechtschreibung	☺☺ immer 3	☺ meist 2	☹ selten 1	☹☹ nie 0	**Punkte**
Deine Rechtschreibung ist korrekt.					
Du schreibst in korrekten ganzen Sätzen.					
Gesamtpunkte „Rechtschreibung“:					/19
Gesamtpunkte					**/30**

Deine Note: ____________________ **Kürzel:** ____________________

Note	1	2	3	4	5	6
Punkte	30–28	27–23	22–18	17–13	12–7	6–0

Ich habe von der Note Kenntnis genommen: ____________________

Unterschrift der Eltern

Tipp aus der Praxis:

Das **Korrekturkriterium „Rechtschreibung, Zeichensetzung und Grammatik"** kann sich bei einer Dokumentationsmappe je nach Umfang als sehr langwierig und komplex gestalten, vor allem dann, wenn Sie als Nicht-Deutschlehrer diesen Bereich korrigieren müssen. Beschränken Sie sich deshalb auf **zwei bis drei exemplarische Seiten** mit viel Text und korrigieren Sie nur diese Seiten komplett durch. Sie können davon ausgehen, dass die anderen Seiten ähnlich viele Rechtschreib-, Zeichen-, Grammatik- oder Ausdrucksfehler aufweisen wie die ausgewählten Seiten.

Für die Bewertung der Präsentation der Lernergebnisse in einem Vortrag können Sie auf die Strategien und Tipps zur Bewertung von Referaten (ab S. 76) zurückgreifen.

Bewertung von Lesetagebüchern und Portfolios

Lesetagebücher und Portfolios werden eingesetzt, um den Lernprozess der Schüler individuell, differenziert und eigenverantwortlich zu gestalten. Damit erfüllen sie wichtige Merkmale der aktuell gültigen Didaktik und sind daher vermehrt in den Schulen anzutreffen.

In beiden Fällen handelt es sich um eine Mappe o. Ä., in der alle Materialien und individuellen Arbeitsergebnisse gesammelt werden, die im Laufe der Einheit zu einer bestimmten Lektüre oder zu einem bestimmten Thema bearbeitet bzw. produziert werden. Ein **Lesetagebuch** ist also ein Begleiter während des Leseprozesses einer Lektüre. Hier werden Gedanken, Analysen und Zusammenfassungen notiert, um sich später an das Gelesene besser erinnern zu können. Solch ein Lesetagebuch ist immer von Aufgaben begleitet, die sowohl den Inhalt des Buches betreffen als auch auf die Wiedergabe der eigenen Gedanken und Erkenntnisse abzielen. Ein **Portfolio** ist an ein bestimmtes Thema gebunden – manchmal, ähnlich einem Lesetagebuch, auch an eine Lektüre. Allerdings liegt bei einem Portfolio der Fokus darauf, alle Lernfortschritte, Lernergebnisse oder den Lernstand rund um das jeweilige Thema (oder die Lektüre) zu dokumentieren. Sowohl der Lehrer als auch der Schüler sollten an einem Portfolio die Kompetenzerweiterung des Schülers erkennen. Idealerweise werden diese Kompetenzen auch anderen präsentiert, z. B. bei einer Ausstellung zum Tag der offenen Tür. Ein klassisches Portfolio beschäftigt sich z. B. beim Themenbereich der Berufsfindung mit dem Ziel, einen oder mehrere geeignete Berufe für die Schüler zu entdecken und deren Berufsbild zu erkunden. Individuelle Stärken und Schwächen, Interessen und Abneigungen der Schüler werden nach und nach erarbeitet, sodass sich die Schüler ihre eigenen Vorlieben und Kompetenzen bewusst machen und dadurch einen oder mehrere geeignete Berufe für sich entdecken. **Wichtigstes Ziel** eines Lesetagebuchs oder auch eines Portfolios ist es also, dass die Schüler lernen, in eigener Verantwortung, mit eigener Zeiteinteilung und nach selbst festgelegten Auswahlkriterien zu arbeiten und sie **durch dieses in großen Teilen selbst gesteuerte Lernen** dazu **zu motivieren**, sich mit einer Lektüre oder einem Thema intensiv auseinanderzusetzen, anstatt schon beim Anblick eines nur 120 Seiten dicken Buches zu resignieren oder sich im klassischen Unterricht nur mehr oder weniger passiv „berieseln" zu lassen, sodass das jeweilige Thema nicht wirklich bei ihnen ankommt.

Leistungserwartungen

Lesetagebücher und Portfolios sind zwar vom Prinzip her ähnlich, verfolgen aber doch etwas unterschiedliche Ziele und damit haben Ihre Leistungserwartungen auch verschiedene Schwerpunkte: Wie oben bereits beschrieben, steht beim Lesetagebuch das **Ergebnis** des Beschäftigens mit der Lektüre im Vordergrund, während im Portfolio eher der **Lernprozess** und die **Lernfortschritte** abgebildet werden sollen. Hier erwarten Sie vom Schüler auch, dass er sein Arbeiten und Lernen **reflektiert**, um dies optimieren zu können.
In beiden Fällen müssen allerdings klare Vorgaben gemacht werden, die zum einen Ihnen und auch den Schülern das Arbeiten am Lesetagebuch bzw. am Portfolio erleichtern und zum anderen Ihre **Leistungserwartungen** und damit einhergehend Ihre **Bewertungskriterien, transparent machen.** Grundsätzlich gilt sowohl für das Lesetagebuch als auch für das Portfolio:

- Die Mappe muss **sauber und ordentlich** geführt sein.
- Die Mappe muss **vollständig** sein und alle Arbeitsblätter, Aufgaben, Zeichnungen etc. in chronologisch korrekter Reihenfolge enthalten.
- Die Arbeiten in der Mappe müssen noch einmal **reflektiert, kritisch hinterfragt und eventuell korrigiert** werden, bevor sie zur Bewertung bzw. Präsentation mit anschließender Bewertung abgegeben werden.
- Die Arbeiten sollten nicht nur richtig, sondern auch **kreativ gestaltet** oder mit **Zusatzmaterialien** ergänzt sein.

Hinzu kommen dann Ihre inhaltlichen, **die spezielle Lektüre betreffenden Anforderungen** bzw. Ihre **Vorgaben hinsichtlich der Lernreflexion und -dokumentation** bei der Bearbeitung des speziellen Themas, mit denen sich die Schüler bei der Portfolio-Arbeit auseinandersetzen.

Manchmal ist es auch möglich, die **Bewertungskriterien mit den Schülern gemeinsam zu erarbeiten.** So können diese motivierter an die Arbeit gehen. Sie fühlen sich ernst genommen und werden entsprechend auch konzentrierter und engagierter an dem großen Auftrag, ein Lesetagebuch oder ein Portfolio zu erstellen, arbeiten.

Die gemeinsame Erarbeitung der Bewertungskriterien ist allerdings in der Regel erst ab Klasse 8 sinnvoll.
Wenn Sie die Schüler bereits mit den Leistungserwartungen der **Heft- und Mappenführung** vertraut gemacht haben (vgl. Kapitel „Bewertung von Heften und Mappen" ab S. 89), können Sie viele **Bewertungskriterien** von dort auch in die Beurteilung eines Lesetagebuchs oder eines Portfolios **übernehmen.** Denn vom reinen Handling her gesehen, unterscheiden sich diese Arten der Mappen nicht allzu sehr voneinander. Die Regeln zum Aufbau (Deckblatt, Inhaltsverzeichnis, Seitennummern, Datumsangaben, hervorgehobene Überschriften etc.) sollten auch für die Mappe des Lesetagebuchs oder für ein Portfolio gelten.
Bewährt hat sich auch hier, Ihre Erwartungen und die **Bewertungskriterien als Kopie an die Schüler auszuteilen und zu besprechen.** So haben die Schüler alle Informationen „schwarz auf weiß". Auf der folgenden Seite finden Sie einen **beispielhaften Erwartungsbogen für ein Lesetagebuch.**

Erwartungen und Bewertungskriterien an das Lesetagebuch zum Buch:

Titel: ______________________

Autor: ______________________

Du solltest mit den Regeln zur Führung einer Mappe bereits vertraut sein, diese gelten auch für das Lesetagebuch. Daher erhältst du hier nur eine kurze Zusammenfassung zur Erinnerung:

Ich erwarte, dass …

- eine ordentliche, saubere, nicht beschmierte Mappe geführt wird.
- ein Deckblatt mit Titel und Autor des Buches und deinem Namen angefertigt wird.
- ein Inhaltsverzeichnis angelegt wird, das den chronologischen Arbeitsverlauf zeigt.
- die Mappe vollständig ist (bei Fehlzeiten bist du dafür verantwortlich, Kopien oder Texte zu ergänzen).
- alle ausgeteilten Kopien an der korrekten Stelle eingeheftet werden.
- jede Seite nummeriert ist.
- jede neue Seite/jeder neue Eintrag am rechten Rand mit dem aktuellen Datum versehen wird.
- Überschriften einheitlich hervorgehoben werden.
- alle Texte, Tafelbilder und Zeichnungen vollständig, sauber und fehlerfrei abgeschrieben/abgezeichnet werden (nutze Rechtschreiblexika zum Nachschlagen!). Eventuelle Fehler müssen sauber verbessert werden.
- in einer leserlichen Handschrift geschrieben wird.
- alle Aufgaben ausführlich und inhaltlich richtig bearbeitet werden. Formuliere dabei ganze Sätze!
- Farben nach den Vorgaben eingesetzt wurden.
- du dein Tagebuch schön gestaltest, z. B. durch Zeichnungen.
- mögliches Zusatzmaterial eingefügt wird (Zusatzpunkte).

Bewertungsstrategien

Lesetagebücher oder Portfolios zu bewerten, ist ein schwieriger Prozess, denn die Leistungen der Schüler umfassen viele Bereiche, die Sie eigentlich nicht alle ganz objektiv in Ihre Bewertung einbeziehen können. Aus diesem Dilemma kommen Sie nur heraus, wenn Sie die **Bewertungskriterien einschränken** und diese dann mit den Schülern vor deren Arbeit besprechen. In Anlehnung an den oben vorgestellten beispielhaften Erwartungsbogen sollten Sie auch einen **Bewertungsbogen** nutzen und für jeden Schüler ausfüllen.
Um die **Mappe** des Lesetagebuchs oder des Portfolios zu **beurteilen**, könnte der Bewertungsbogen z. B. wie folgt aussehen.

Bewertungsbogen für das Lesetagebuch zum Buch:

____

Name: Samira ______________ Datum: 5.10.2017 ______________

Inhalt	mögliche Punkte	erreichte Punkte
Du hast alle Aufgaben erledigt.	5	5
Du hast die Aufgaben ausführlich bearbeitet.	5	3
Du hast die Aufgaben inhaltlich richtig beantwortet.	3	3
Sprache/Rechtschreibung		
Du hast die Aufgaben in ganzen Sätzen bearbeitet.	3	3
Du hast eventuelle Fehler sauber verbessert.	2	1
Du hast keine Rechtschreibfehler gemacht.	3	2
Gestaltung		
Du hast sauber und ordentlich gearbeitet.	2	2
Deine Mappe ist vollständig und chronologisch aufgebaut.	3	3
Du hast leserlich geschrieben.	2	2
Dein Lesetagebuch hat keine Knicke, keine Kritzeleien …	2	2
Du hast schöne Zeichnungen.	2	2
Du hast dein Lesetagebuch schön gestaltet.	3	2
Du hast Zusatzmaterial gesammelt und an der passenden Stelle eingeheftet.	+2	+1
Summe:	35	
	Deine Gesamtpunktzahl:	31
	Deine Note:	2

Punkte	35–33	32–28	27–22	21–16	15–8	7–0
Note	1	2	3	4	5	6

Das musst du noch verbessern:

Das hast du besonders gut gemacht:

____
Kürzel

Tipp aus der Praxis:
Wenn Sie bei der Bewertung der Mappe den Bereich Rechtschreibung, Zeichensetzung, Grammatik, Ausdruck etc. beurteilen, sollten Sie **nicht mit einem Fehlerquotienten arbeiten**, denn sonst müssten Sie alle Wörter der Mappe durchzählen – eine utopische Vorstellung. Nehmen Sie stattdessen zwei gut gefüllte Beispielseiten und korrigieren Sie diese durch. Dies sollte reichen, um einen guten Überblick über die Leistungen in diesem Bereich zu erhalten. Sie können nämlich davon ausgehen, dass die anderen Seiten ähnlich viele oder wenige Fehler beinhalten. Sie werden sicherlich nicht zufälligerweise die beiden Seiten mit den meisten Fehlern erwischt haben.

Grundsätzlich sollten Sie aber nicht nur die erstellte Mappe mit den gesammelten Arbeitsergebnissen bewerten, sondern **auch den Arbeitsprozess** während der Arbeit mit der Lektüre bzw. der Auseinandersetzung mit dem Portfolio-Thema **beurteilen.** Diese offene Arbeitsphase zieht sich in der Regel über einen längeren Zeitraum hin, meist sind es mehrere Wochen, die die Schüler an der Lektüre bzw. an dem Thema arbeiten. Für diese Zeit können Sie auch Noten im Bereich Eigenverantwortliches Arbeiten (vgl. S. 112 ff.) geben. Nutzen Sie die Unterrichtsstunden, in denen die Schüler selbstständig an ihrem Lesetagebuch oder ihrem Portfolio arbeiten, um deren **Arbeitsweise, Konzentrations- und Problemlösungsfähigkeit sowie Lernfortschritte** zu **beobachten.** Dabei hilft es, wenn Sie in jeder Stunde einen anderen Sitzplatz im Raum wählen. Mal sitzen Sie bei der einen Gruppe, mal bei einer anderen, mal sitzen Sie allein am Pult, mal bei einem einzelnen Schüler – so können Sie jede Stunde für Beobachtungen verschiedener Schüler nutzen. Sie haben durch die wechselnden Positionen alle im Blick und können dennoch bei Fragen als Ansprechpartner zur Verfügung stehen und Ihrer Rolle als Lernbegleiter gerecht werden. Gleichzeitig bietet dieses Vorgehen den Vorteil, dass die Schüler in der Regel nicht merken, dass Sie unter Beobachtung stehen, denn sie fühlen sich durch Ihren wechselnden Standort nicht allzu stark kontrolliert.
Notieren Sie nach jeder Stunde in kurzen Stichworten, welche **Eindrücke** Sie gesammelt haben, und fügen Sie diese Eindrücke einmal in der Woche zu einer Note zusammen. So haben Sie am Ende der offenen Arbeitsphase sowohl Noten für die aktive Beteiligung am Unterricht als auch für die Mappe mit den gesammelten Ergebnissen der Arbeitsphase.

In manchen Bundesländern ist es übrigens gestattet, dass einmal im Schuljahr ein **Ergebnis einer offenen Unterrichtsphase als Klassenarbeit gewertet** wird. Wenn Sie eine Klasse unterrichten, die mit Lesetagebüchern oder in der Portfolio-Arbeit bereits geschult ist, können Sie die Arbeitsergebnisse durchaus als Teil der schriftlichen Prüfungen werten. Erkundigen Sie sich dafür nach den Regelungen in Ihrem Bundesland und an Ihrer Schule.

Zuletzt noch ein paar Hinweise zur Organisation einer Unterrichtseinheit mit Lesetagebuch oder Portfolio-Arbeit. Oft sind Sie in Ihrer **Terminplanung innerhalb des Schuljahres** an Absprachen mit den Kollegen gebunden, denn immer öfter wird parallel unterrichtet, um im Krankheitsfall schnell und passend vertreten zu können. Wenn Sie zu Beginn des Halbjahres mit den Kollegen absprechen, wann welches Thema durchgenommen wird und wann ungefähr die Klassenarbeiten liegen, planen Sie auf jeden Fall auch die Lesetagebuch- und Portfolio-Arbeit mit ein. Legen Sie dabei die **Abgabetermine** so, dass Sie die Mappen vor den Herbst-, Weihnachts-, Winter- oder Osterferien einsammeln können. So haben Sie in der unterrichtsfreien Zeit Gelegenheit, die Mappen mit Ihrer eigenen Zeiteinteilung zu korrigieren, und mehr Ruhe, um sie vergleichend zu betrachten. Abgabetermine im Mai und Juni sind meist ungünstig, da in diesen Monaten die Zentralen Prüfungen der Sek I und die Abiturprüfungen der Sek II anstehen und Sie eventuell dort mit dem üblichen Termindruck die Prüfungsarbeiten korrigieren müssen oder später sogar eine mündliche Prüfung vorzubereiten haben.

■ Bewertung von Stationenlernen und Wochenplanarbeit

Beim **Stationenlernen** (auch Lernen an Stationen, Lerntheke, Lernzirkel oder Lernstraße genannt) erarbeiten sich die Schüler über einen bestimmten Zeitraum hinweg autonom, in eigener Verantwortung und teils kreativ ein Thema, indem sie verschiedene von Ihnen vorbereitete Stationen bearbeiten, die meist aufeinander aufbauend im Raum verteilt sind. Die Arbeitsaufträge an den Stationen sind ganz verschieden, es können z. B. Arbeitsblätter, Experimente, Kreativaufgaben sein, die thematisch zusammengehören. Auch werden für die Aufgaben in der Regel verschiedene Sozialformen eingesetzt. Ein Laufzettel organisiert dabei das Arbeiten, damit die Schüler nicht die Übersicht über die Stationen verlieren.

Diese sehr offene Form des Unterrichts ist also äußerst vielseitig und die Schüler können sehr verschiedene Lernwege gehen – was Sie beim Bewerten der Schülerleistungen durchaus vor große Herausforderungen stellt.

Auch bei der **Wochenplanarbeit** arbeiten die Schüler eigenverantwortlich. Wie beim Stationenlernen stehen Sie als Lehrer den Schülern nur beratend und helfend zur Seite, während die Lerner in individueller Zeiteinteilung ein von Ihnen vorgegebenes Lernpensum mit mehreren Aufgaben in verschiedenen Sozialformen abarbeiten. Die Ergebnisse überprüfen die Schüler dabei eigenständig in Selbstkontrolle. In der Regel ist dieses Lernpensum auf eine Woche angelegt – daher leitet sich auch der Name ab.

Ziel des Stationenlernens und der Wochenplanarbeit ist es, neben den sozialen Kompetenzen vor allem die **Selbstständigkeit und Ausdauer** der Schüler zu fördern. Häufig **motivieren** beide Methoden die Schüler auch sehr viel mehr als der lehrerzentrierte Unterricht. Es können also neue Impulse für das Lernen gesetzt werden.

Leistungserwartungen

Beim Stationenlernen und bei der Wochenplanarbeit müssen die Schüler also umlernen: Aus dem „klassischen" lehrerzentrierten Unterricht sind sie es gewohnt, als passive Zuhörer den Lernstoff „serviert" zu bekommen. Hier sind sie zwar auch aufgefordert, nach- und mitzudenken, aber dies hält sich in Grenzen, zumal die Schüler mit der Begründung „Das habe ich nicht verstanden!" sehr schnell jegliche Verantwortung für Ihren Lernprozess abgeben können. Wenn die Schüler nun an Stationen oder mit einem Wochenplan arbeiten, richten Sie andere Erwartungen an sie. Sie müssen sich ihre **Zeit sinnvoll einteilen**, den **Lernstoff** mithilfe des vorbereiteten Materials **selbstständig erarbeiten**, ihren **eigenen Lernweg** durch eine Vielzahl von Aufgaben, Problemen, Fragestellungen und Methoden **finden** und dabei in verschiedenen Sozialformen **mit anderen Schülern arbeiten.** Sie müssen aktiv werden und **Verantwortung für den eigenen Lernprozess übernehmen.** Dabei entdecken die Schüler individuelle Fähigkeiten und Interessen, die ihr Lernen vorantreiben und ihr Lernverhalten und damit ihre Lernergebnisse beeinflussen. All dies fließt später in Ihre Bewertung mit ein.
Ihre Leistungserwartungen beschränken sich also nicht nur auf die inhaltlich korrekte Bewältigung der Aufgaben, also das reine **Ergebnis**, sondern beziehen auch den **Arbeitsprozess** und das **Lernverhalten** der Schüler mit ein. Machen Sie dies Ihrer Klasse von vornherein deutlich, indem Sie Ihre Erwartungen und Bewertungskriterien für beide Bereiche klar definieren und mit den Schülern besprechen.

Bevor Sie allerdings mit dem Stationenlernen oder einer Wochenplanarbeit beginnen, sollten Sie bedenken, dass es heutzutage immer mehr Schüler gibt, denen es sehr schwer fällt, eigenverantwortlich und ausdauernd Aufgaben anzugehen, und die dies auch vor der Sekundarstufe noch nicht gelernt haben. Für diese Schülergruppe sind beide Methoden schwierig, denn sie brauchen mehr Hilfe und mehr Anleitung als eigentlich nötig wäre. Dies sollten Sie unbedingt bei der Festlegung Ihrer Leistungserwartungen (siehe unten) berücksichtigen. Sie können den Schülern eine **Starthilfe in diese Unterrichts- und Lernform** geben, indem Sie beim ersten Stationenlernen nur drei, maximal vier Stationen zum Thema zusammenstellen und diese offene Unterrichtsphase entsprechend über einen nicht allzu langen Zeitraum ansetzen. Später können Stationenzahl und Zeitraum dann nach und nach gesteigert werden. Bei der Wochenplanarbeit können Sie meist etwas mehr Erfahrung voraussetzen, denn diese ist inzwischen doch an vielen Grundschulen recht verbreitet. Wenn Sie in einer Klasse der Erprobungsstufe unterrichten, probieren Sie einfach einmal aus, wie die Schüler mit der Methode zurechtkommen.

Bewertungsstrategien

Die bewertbare Schülerleistung beim Stationenlernen und bei der Wochenplanarbeit kann sich aus bis zu drei Bereichen zusammensetzen:

- dem eigentlichen Arbeitsprozess, der sich über mehrere Stunden erstreckt,
- dem Arbeitsergebnis
- und ggf. der Ergebnispräsentation.

Was die **Beurteilung des Arbeitsprozesses** betrifft, so haben Sie den Vorteil, dass Sie währenddessen meistens anwesend sind, da ein Großteil davon während der Schulstunden stattfindet. Sie können sich einen festen Platz im Raum suchen, an dem Sie für alle Schüler gleichermaßen sichtbar und ansprechbar sind, während Sie gleichzeitig als stiller Beobachter das Lernverhalten der Schüler aufnehmen. Sie können aber auch in jeder Stunde einen anderen Platz wählen und neben dem Beobachten so mit einzelnen Schülern oder kleinen Gruppen ins Gespräch kommen und deren aktuellen Arbeitsstand und Lernfortschritt gezielt prüfen. Auf diese Weise sind Sie zum einen die gesamte Zeit auf dem aktuellen Lernstand der gesamten Gruppe, zum anderen bieten Sie sich aktiv als Helfer an, ohne zu sehr den Eindruck einer Kontrolle zu erwecken, und Sie haben bei einzelnen Schülern bei Bedarf die Möglichkeit, frühzeitig auf Fehler oder Missstände aufmerksam zu machen. In jedem Fall können Sie sich nach jeder Stunde Notizen machen und Noten vergeben, sodass Sie am Ende der offenen Unterrichtsphase ausreichend Material haben, um daraus die Gesamtnote für das Stationenlernen oder die Wochenplanarbeit zu ermitteln.
Als **Arbeitsergebnis** entsteht in der Regel eine Sammlung aller während der offenen Phase erstellten Arbeiten, z. B. in Form einer Mappe (vgl. hierzu die Bewertungsstrategien im Kapitel „Bewertung von Lesetagebüchern und Portfolios" ab S. 123). Gerade beim Stationenlernen wird diese Ergebnissammlung häufig auch von jedem Schüler **präsentiert.** Unabhängig davon, dass eine gelungene Präsentation für jeden Schüler ein motivierendes Erfolgserlebnis ist, denn er kann stolz seine Arbeitsergebnisse präsentieren, haben Sie bei jeder Präsentation eine weitere Möglichkeit, die Lernergebnisse zu kontrollieren und zu bewerten. Ähnlich wie bei einem Referat (vgl. hierzu die Bewertungsstrategien im Kapitel „Bewertung von Referaten" ab S. 76) beobachten Sie genau, wie der Vortrag gehalten wird und welche Medien eingesetzt werden, um die Lernergebnisse zu präsentieren. Dies fließt dann in Ihre Endnote ein.

Um diese Gesamtnote zu ermitteln, stellt sich natürlich die Frage nach der **Gewichtung**, mit der die einzelnen Bereiche einfließen. Diese Entscheidung ist **Ihnen überlassen.** Sie können bspw. bei einem Stationenlernen eine Endnote erhalten, die sich zu 40–50 % aus dem Arbeitsprozess, zu 20–30% aus dem Arbeitsergebnis und zu 20–30 % aus der Präsentation vor der Lerngruppe zusammensetzt. Allerdings können Sie sich aus Zeitgründen auch entschließen, auf die Präsentation vor der Klasse zu verzichten, und nur die entstandene Mappe als Ergebnis des Arbeitsprozesses in Ihre Bewertung hineinnehmen. Auch hier gilt in jedem Fall wie sonst auch: Informieren Sie die Schüler am besten vorab, zu welchen Teilen welche Leistung in die Note einfließt.

■ Bewertung von Freiarbeit

Eine der „extremsten" Formen des offenen Unterrichts ist die Freiarbeit, auch „Freie Arbeit", die auf eine Idee von Maria Montessori zurückgeht. In der Freiarbeit hat der Schüler völlige Freiheit über die Lernziele, die er erreichen will, über Lernwege und Lernfortschritte, manchmal sogar über Fach und Thema, mit dem er sich beschäftigen möchte. In seiner Verantwortung liegen die Auswahl der Arbeitsformen, die Planung seiner Arbeiten und der Inhalte, mit denen er sich auseinandersetzt, um das selbst gesetzte Lernziel zu erreichen. Um das Erreichen dieses **Ziels** des **komplett selbstbestimmten und eigenverantwortlichen Lernens** zu ermöglichen, das die Lerner besser für die Zeit nach der Schule rüsten soll, sind eine gut vorbereitete Lernumgebung mit einer Vielzahl von unterschiedlichen Materialien und ein Zurücknehmen des Lehrers als Leiter und Lenker des Unterrichts notwendig. Die lenkende und bestimmende **Lehrerrolle** wird hier vollständig durch Beratung und Begleitung auf dem Weg des Lernens abgelöst. Dies zeigt Montessoris Leitsatz „Hilf mir, es selbst zu tun"[28] sehr deutlich.

Eine **Leistungsbewertung** ist in einer so freien Arbeitsform schwierig, denn die Schüler arbeiten schließlich nicht an denselben Inhalten und überhaupt nicht zielgleich. Eigentlich **widerspricht** das Bewerten **dem Prinzip der Freiarbeit** sogar, denn die Beurteilung ist wieder eine Art Kontrolle, die in der Freiarbeit ja möglichst ganz abgeschafft werden soll.
Trotzdem fragen Schüler nach Rückmeldungen. Sie wollen wissen, ob ganz allgemein ihre Leistungen und ihre Ergebnisse, konkret die gefundenen Wörter, die gebildeten Sätze und Aufsätze, die angestellten Recherchen und formulierten Zusammenfassungen, die Zeichnungen und Skizzen, die Beobachtungen

---

[28]Quelle: Integrative Montessori-Erziehung e.V., *http://montessori-bielefeld.de/zitate-der-maria-montessori/*

und Interpretationen korrekt sind. Sie wünschen sich Beachtung und erhoffen sich Bestätigung, vielleicht sogar Lob vom Lehrer oder zumindest eine gerechtfertigte Kritik, damit sie ihre eigenen Leistungen einschätzen können. Aus diesem Grund finden Sie auch zu dieser besonderen Unterrichtsform im Folgenden einige Hinweise zu Leistungserwartungen und Bewertungsstrategien.

Leistungserwartungen

Ihre Leistungserwartungen können sich hier nicht auf konkrete Inhalte oder Methoden beziehen, denn diese wählt der Schüler in der Regel selbst aus. Wichtiger ist es also, einen Blick auf das **Lernverhalten** der Schüler zu werfen – die **Leitfragen** lauten hier also z. B.:

- Wie selbstständig wird gearbeitet?
- Wie ausgeprägt ist die Problemlösefähigkeit des jeweiligen Schülers?
- Welche Lernwege wählt er bzw. ist er fähig, zu beurteilen, welcher Weg ihm persönlich am besten liegt?
- In welchem Maße findet eine Lernreflexion statt?
- Welche sozialen Kompetenzen bringt der Schüler ein?

Darüber hinaus können Sie natürlich auch erwarten, dass die Schüler nach Freiarbeitsphasen **Ergebnisse** liefern – diese können aus o. g. Gründen bei jedem anders aussehen, aber dennoch sollten Sie den Schülern vorab erklären, dass Sie erwarten, dass immer auch ein Arbeitsprodukt entstehen muss, egal ob es sich dabei um einen Text, eine Zeichnung, eine Bastelarbeit, einen Sketch usw. handelt.

Bewertungsstrategien

Ob Sie die Freiarbeit überhaupt bewerten, hängt davon ab, welchen Stellenwert diese Unterrichtsform in Ihrem Unterricht hat und wie groß die Akzeptanz dafür bei der Schulleitung, bei den Eltern und bei den Schülern ist. Wenn Sie nur **hin und wieder eine kurze Freiarbeitsphase** von 2–3 Stunden durchführen, lassen Sie diese am besten **unbewertet.** Wenn Sie allerdings **oft und regelmäßig** Freiarbeit machen – es gibt bspw. Schulen, in denen 1 Stunde Freiarbeit am Tag fest integriert ist –, sollten Sie die Leistung während des Arbeitsprozesses und die Ergebnisse der Schüler auch **bewerten.**

Zur **Beurteilung der Freiarbeitsphase** bietet es sich an, für jeden Schüler einen **Leistungsbericht oder Beobachtungsbogen** anzulegen. Folgende Punkte sollten darin dokumentiert werden:

- Selbstständigkeit und Eigenverantwortung
- Ausdauer und Konzentrationsfähigkeit
- Zielstrebigkeit und Entscheidungsfähigkeit
- Teamfähigkeit und soziale Kompetenz

Nachdem Sie den Bericht bzw. den Bogen kontinuierlich befüllt haben, können Sie ihn am Ende der Arbeitsphase an die Schüler austeilen. So bekommt jeder eine individuelle Rückmeldung und kann diese zukünftig zur Verbesserung der Leistung nutzen.

Für Ihre **Beobachtungen** empfiehlt es sich, Ihre beratende Funktion des Lehrers während der Freiarbeit zu nutzen. Sie können immer und zu jeder Zeit zu einem Schüler gehen und sich von ihm seine augenblicklich selbst gewählte Aufgabe erklären lassen. Durch Nachfragen erfahren Sie, warum der Schüler genau diese Aufgabe/dieses Thema gewählt hat, ob die Aufgabenstellung verstanden wurde oder ob der Schüler bei der Umsetzung Probleme hat.

Sie sehen gleichzeitig, wie konzentriert und selbstständig er an der gewählten Aufgabe arbeitet. Ist das Interesse nur oberflächlich oder „kniet" sich der Schüler „richtig rein"? Nach und nach erhalten Sie dadurch Einblicke in das Lernverhalten und können sich zu jedem Schüler Notizen machen, um am Ende einen ausgefüllten Leistungsbericht bzw. Beobachtungsbogen zu haben.

Etwas leichter ist die **Beurteilung der Ergebnisse** der Freiarbeit. Wobei sich natürlich auch hier das Problem stellt, dass die Schüler **ganz unterschiedliche Produkte** erarbeiten. Diese können z. B. sein:

- ausgefüllte Arbeitsblätter
- kreativ gestaltete Umsetzungen eines Themas (z. B. Bastelarbeiten zum Thema „Leben und Arbeit in Nazareth zur Zeit von Jesus Christus")
- Kunstwerke (z. B. Pappmaschee-Arbeiten zum Thema „Clownsgesichter")
- erfolgreiche oder auch nicht erfolgreiche Experimente (z. B. Einfärben von Zellen der Zwiebelhaut)
- Ausstellungen (z. B. zum Thema „Kinder und Bildung im 19. Jahrhundert")
- u. v. m.

Worauf Sie **produktunabhängig bei allen Schülern** achten sollten, ist z. B. die saubere und ordentliche Ausführung, der Grad der Komplexität, die Entsprechung zum ggf. vorgegebenen Thema, die adressatenbezogene Aufarbeitung (bspw. bei einer Fotoausstellung), Kreativität und Qualität in der Ausführung sowie Quantität und Nutzung verschiedener Rechercheergebnisse.

Allerdings sollten Sie die **Schüler den Nachweis über ihre Leistungen selbst erbringen lassen** und selbst nur die Kontrolle und Bewertung übernehmen. Im Folgenden finden Sie **zwei Möglichkeiten dieser Nachweiserbringung:**

Zum einen können Sie einen Ordner auslegen, in dem jeder Schüler eine eigene **Liste** anlegt und in dieser dann kontinuierlich **einträgt, welche Aufgaben** er wann erledigt hat. So können Sie sich zu jedem Zeitpunkt sehr schnell einen Überblick verschaffen, woran die Schüler bereits gearbeitet haben – wobei Sie sich hier größtenteils auf die Überprüfung der Quantität beschränken müssen und keinen Einblick in die Qualität der Schülerleistungen erhalten. Darüber hinaus treten manche Schüler bei dieser Art der Leistungsnachweiserbringung in eine Art Wettkampf ein und erledigen die Aufgaben möglichst schnell, einfach um mehr geschafft zu haben als der Nachbar – was dem wirklichen Lernen und Entdecken natürlich entgegensteht.
Alternativ besteht die Möglichkeit, dass Sie die Schüler dazu auffordern, all Ihre **Arbeitsergebnisse in einer Mappe/einem Ordner** (oder je nach Form und Größe der Ergebnisse auch in einem Regalfach) zu **sammeln**. Auch hier sollte es eine Liste geben, in der alle erledigten Arbeiten eingetragen werden. So können Sie sowohl schnell die Quantität überprüfen, als auch einen Blick auf die Ergebnisse werfen und die Qualität beurteilen (vgl. hierzu auch das Kapitel „Bewertung von Lesetagebüchern und Portfolios" ab S. 123). Dafür bedeutet dies für Sie natürlich deutlich mehr Arbeit, wenn Sie regelmäßig die Ergebnisse aller Schüler durchsehen und z. B. deren Selbstkontrolle überprüfen müssen.

Tipp aus der Praxis:

Egal für welches System der Leistungsnachweiserbringung Sie sich entscheiden, suchen Sie immer wieder das **Gespräch mit den Schülern.** Testen Sie im Gespräch die durchgeführten Aufgaben ab und verschaffen Sie sich so einen ergänzenden **Überblick über die geleisteten Aufgaben in der Freiarbeit.** So haben Sie neben den Nachweisen der Schüler auch immer einen **eigenen Eindruck** über die Lernergebnisse der Schüler.

4 Praktische Hilfe für besondere Fälle

Bewertung kreativer Arbeiten der Schüler

■ Kreativität bewerten – nur im „klassisch" kreativen Unterricht?

In unserer heutigen Gesellschaft verlangen wir mehr denn je nach Kreativität, der Fähigkeit, aus Altem und Bekanntem etwas Neues zu schaffen. Sie wird geschätzt und meist positiv bewertet, auch wenn bestimmte Regeln vorhanden sind, die eine völlige freie Entfaltung und Gestaltung nur vereinzelt zulassen. So wird z. B. jede Frau und jeder Mann beneidet, der/dem es gelingt, aus den modischen Vorgaben durch Fantasie einen eigenen Kleidungsstil zu entwickeln, solange gewisse Grenzen nicht überschritten werden. Ein Schüler, der in der „Vor-James-Dean-Ära" mit T-Shirt in der Schule erschienen wäre, hätte für Empörung gesorgt. Heute aber kümmert dies keinen mehr – andere Zeiten, andere Sitten.

Kreativität brauchen wir aber nicht nur für solche privaten Bereiche – diese **Schlüsselkompetenz** bekommt auch **im Berufsleben** mehr und mehr Gewicht und wird überall vorausgesetzt. Daher sollte sie also auch schon in der Schule gefördert werden. Die Frage, die sich viele Lehrer dabei stellen müssen, ist jedoch, wie sie die Kreativität der Schüler im Unterricht überhaupt bewerten können. Und diese Frage trifft **nicht nur die „klassischen" kreativen Fächer**, wie Kunst, Musik, Werken oder Textilgestaltung, in denen traditionell gestalterisch, bildnerisch oder darstellerisch gearbeitet wird. Auch in **Deutsch** oder im **Fremdsprachenunterricht** können Sie Schüler kreativ an Texte oder Situationen herangehen lassen, indem Sie bspw. durch einen Bildimpuls einen Brief, einen Zeitungsartikel oder einen Interviewtext schreiben lassen. Im **Religionsunterricht** lassen Sie biblische Geschichten zeichnerisch interpretieren oder arbeiten mit bibliodramatischen Methoden der Texterfassung. Im **Ethikunterricht** lassen Sie ein Rollenspiel schreiben und einüben, um bestimmte Konflikte zu verdeutlichen. Und im **Sportunterricht** wird nicht selten eine Kür mit Ball, Reifen oder Band im Bereich Rhythmische Sportgymnastik entwickelt. All diese Beispiele zeigen, dass Kreativität in sehr vielen Schulfächern zum Alltag gehört – also gehört auch die Bewertung von kreativen Schülerleistungen zum Alltag der Lehrer. Doch diese Leistungen zu bewerten, ist schwierig, denn Kreativität „lebt" vom **ganz individuellen** Schöpfungsprozess des Schülers und von der positiven **und** negativen Bewertung durch das Gegenüber. Und genau dort liegt das Problem für eine gerechte Beurteilung! Kann eine Bewertung von kreativen, schöpferischen Leistungen der Schüler überhaupt vergleichbar, objektiv, nachvollziehbar, transparent usw. sein?

Leistungserwartungen und Bewertungsmöglichkeiten

Grundlegend für die Bewertung von kreativen Leistungen ist es, sich bewusst zu machen, dass **geforderte Kreativität** in der Regel genau diese Kreativität erschwert oder gar ganz unterdrückt. Dies kennen Sie sicherlich aus Ihren eigenen Erfahrungen: Fordert Sie jemand auf: „Sei doch mal kreativ!“, fällt genau diese Kreativität, diese Schöpfungsfähigkeit, in sich zusammen und kann nicht abgerufen und ausgelebt werden, sodass Sie die von Ihnen geforderte Leistung nicht erbringen können. Den Schülern geht es meist genauso. Deshalb ist eine **Übungsphase** sinnvoll, in der Kreativität erst einmal „nachgemacht“ wird – z. B. indem Sie die Schüler erst einmal ein Bild aus dem Impressionismus in der dafür bekannten „Tupftechnik“ nachmalen lassen. Durch dieses Kopieren erlernt der Schüler zuerst die Technik und festigt sie, bevor er in einem nächsten Schritt angeregt wird, an der einen oder anderen Stelle von den strikten Vorgaben des Kopierens abzuweichen und eigene Ideen zu entwickeln (die Schüler können in ihrem impressionistischen Bild bspw. an einer Stelle das Motiv abändern, dabei aber die Technik beibehalten, oder ein ganz eigenes Motiv „tupfen“). Die ersten kreativen, schöpferischen Elemente werden so eingebaut. Ist diese Übungsphase lang genug, kann es gelingen, dass eine Zielvorgabe ausreicht, um die kreativen Fähigkeiten der Schüler abzurufen und die gewünschten Leistungen zu erbringen. **Kreativität** ist also **bis zu einem gewissen Anteil erlernbar** – und damit auch **überprüfbar.** Erklären Sie dies den Schülern vorab, denn so können Sie Argumente, wie „Ich bin nicht musikalisch!“, „Ich kann nicht zeichnen!“ oder „Ich kann nicht schauspielern!“, aushebeln und den Ängsten der Schüler, sich mit ihren vermeintlich geringen Fähigkeiten zu blamieren, entgegenwirken.

Ebenfalls sollten Sie mit den Schülern **vorab Ihre Erwartungen und Bewertungskriterien besprechen**, denn auch und gerade bei den so schwer zu bewertenden kreativen Schülerleistungen müssen Sie ein wichtiges Augenmerk auf die **Transparenz** Ihrer Bewertung legen. Dazu gehört auch die Information darüber, mit welchem Gewicht einzelne **Bewertungsbereiche** in die Gesamtnote einfließen. In der Regel können Sie hier drei Komponenten betrachten:

- **Erfassen der Aufgabenstellung**
  → Beurteilen Sie hier, ob der jeweilige Schüler verstanden hat, was er mit den vorgegebenen Materialien machen soll, und inwiefern er alle nötigen Informationen aus der Aufgabenstellung/den Materialien gezogen hat.
- **Technische und formale Umsetzung**
  → Hierunter fallen die Aspekte Sauberkeit und Sorgfalt und die Frage, ob alle formalen Vorgaben eingehalten wurden.

- **Kreative Verarbeitung der Vorgaben**
  → Wie hat der Schüler sein Vorwissen und zuvor erworbene Techniken verarbeitet? Wie wurden die Ideen gestaltet und dargestellt?

In den klassischen kreativen Fächern sollte dieser letzte kreative Prozess in der Zusammensetzung der Note einen hohen Anteil haben, denn dort liegt der Schwerpunkt Ihrer Bewertung. Sie könnten hier bspw. das „Erfassen der Aufgabenstellung" mit 10–20 % werten, die „Technische und formale Umsetzung" mit 20–40 % und die „Kreative Verarbeitung der Vorgaben" mit 40–50 %.
Wenn Sie in einem der **nicht klassisch kreativen Fächer** eine kreative Leistung bewerten wollen, können Sie dies nur in die Note der Sonstigen Mitarbeit einrechnen (vgl. Kapitel 3 ab S. 63). Mit welchem Anteil Sie die kreative Leistung hier in Ihre Bewertung einbeziehen, bleibt Ihnen überlassen. Bewährt hat sich ein Anteil zwischen 3–5 %, denn dieser ist groß genug, um die Schüler zu motivieren, aber klein genug, um sich nicht zu sehr auf die üblichen Bereiche der Sonstigen Leistungen auszuwirken. Wenn Sie dies den Schülern deutlich machen, werden diese auch hier ihre Ängste abbauen und ohne ein panisches „Ich bin sowieso nicht kreativ!" langsam die Kompetenzen des kreativen Arbeitens aufbauen können.

Schüler bewerten sich selbst

■ Was bedeutet „Selbstbewertung" der Schüler?

Leistungsbewertung gehört in der Schule zum Alltag – aber nicht nur für den Lehrer, sondern auch für die Schüler: Diese messen sich permanent untereinander, sie beurteilen ihre eigenen Leistungen und vergleichen diese Leistungen mit denen ihres Nachbarn oder ihres Freundes. „Warum hat Yasemin eine Drei und ich nur eine Vier?" Solch eine Frage haben Sie sicher schon oft gehört. Dieses Vergleichen der Leistungen soll auch so sein, denn es ist der erste Schritt zur **Selbsteinschätzung der Schüler.** Diese Evaluation bietet eine Möglichkeit, die **eigenen Stärken und Schwächen zu erkennen** und aus dieser Erkenntnis heraus zu überlegen, wie an den Fehlern gearbeitet werden kann, um sie zu vermeiden, und wie die Stärken noch weiter trainiert werden können, um noch besser zu werden. Aus diesem Grund ist eine objektive Selbsteinschätzung der Schüler äußerst wichtig für ihr eigenes Lernverhalten – sowohl innerhalb als auch außerhalb der Schule. **Objektivität** müssen sie allerdings erst lernen, denn Kinder und Jugendliche neigen dazu, die eigene Leistung, das eigene Wissen und die eigenen Fähigkeiten zu überschätzen, seltener zu unterschätzen. Bspw. kann es gut passieren, dass Schüler eine Gruppenarbeit als gelungen, effektiv und erfolgreich bezeichnen, auch wenn Ihnen beim Beobachten der Gruppe aufgefallen ist, dass ein oder zwei Schüler sich aus der Arbeit zurückgezogen haben, dass ein Schüler seine Überlegungen nicht einbringen durfte oder ein anderer Schüler die Plakatgestaltung für die Präsentation allein vornahm und die Mithilfe aller anderen Schüler immer wieder abwehrte. In dieser Gruppe funktionierten die Kommunikation und die Arbeitsaufteilung nicht, trotzdem kam ein Ergebnis zustande und das ist für die Schüler bei der Einschätzung ihrer Leistung am wichtigsten.
Am Urteilsvermögen der Schüler kann aber gearbeitet werden und dann bieten die **Selbsteinschätzungen der Schüler** auch neue Möglichkeiten, diese mit Ihrer eigenen Bewertung zu vergleichen und dadurch ggf. in Ihrer Beurteilung Ergänzungen vorzunehmen. Dabei geht es im Übrigen nicht nur um eine Beurteilung des Lernverhaltens, sondern z. B. auch um die Einschätzung zum Sozialverhalten.
Um den Schülern das Selbstbewerten zu erleichtern, sollten Sie sie unbedingt **langsam an dieses Instrument heranführen** und zu Beginn möglichst eng gefasste Bewertungskriterien vorgeben. So sind die Schüler nicht überfordert und können sich an klar abgegrenzten Kompetenzen in der Selbsteinschätzung üben. Sie sollten also nicht pauschal fragen: „Was würdest du dir für das erste Halbjahr für eine mündliche Note geben?", sondern stattdessen nach eng umrissenen Teilkompetenzen fragen. Den meisten Schülern fällt es deutlich

leichter, mit diesen „kleinen" Bewertungen anzufangen und erst nach und nach eine Einschätzung zu einer komplexeren Leistung oder zu einem längeren Zeitabschnitt, eventuell zu einem gesamten Halbjahr abzugeben.

■ Selbstbewertungsmöglichkeiten

Gerade für in der Selbsteinschätzung noch ungeübte Klassen hat sich die sogenannte **Bewertungsscheibe** bewährt, die, vom Aufbau her einer Dartscheibe ähnlich, recht enge Vorgaben für die Bewertung einiger weniger klar umrissener Kompetenzen macht (siehe Beispiel auf der nächsten Seite). Hier kann auf einem Bogen sowohl die **Selbsteinschätzung** des Schülers als auch die **Bewertung des Lehrers** eingetragen und damit **unkompliziert verglichen** werden. Teilen Sie die Bögen zum gewählten Zeitpunkt aus und lassen Sie darauf zunächst die Schüler markieren, wie sie ihre Leistung in den aufgeführten Kompetenzen einschätzen. Dafür kreuzen sie für jedes „Tortenstück" eine Note an. Markieren Sie anschließend mit einem andersfarbigen Stift Ihre eigene Einschätzung zu der Schülerleistung in den jeweiligen Kompetenzen. Sie und auch der Schüler können auf diese Weise sofort feststellen, wo es Übereinstimmungen oder auch Diskrepanzen in der Wahrnehmung gibt. Abweichungen sollten Sie dann besprechen, damit der Schüler zum einen lernt, sich objektiver und realistischer zu bewerten, und damit er zum anderen erkennt, wie er seine Leistungen in dem Bereich verbessern kann.

Beispiel für eine Bewertungsscheibe zur Schüler-Selbstbewertung im Fremdsprachenunterricht

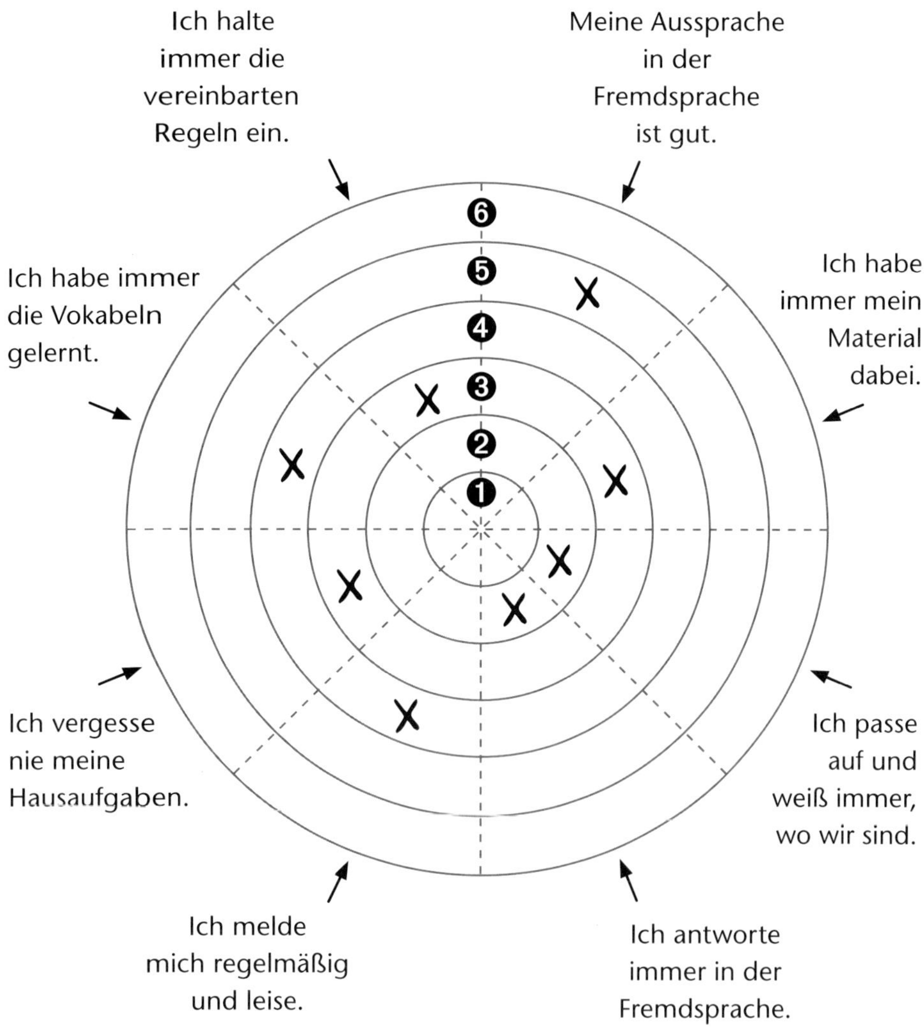

Eine weitere Möglichkeit, mit der die Schüler ihre Selbsteinschätzung notieren können, ist es, sie einen **Selbstbewertungsbogen** ausfüllen zu lassen (siehe Beispiel unten). Auch hier gilt, wie bereits oben beschrieben: Je enger die Vorgaben bzw. je kleinteiliger die zu bewertenden Leistungen sind, desto leichter fällt es den Schülern, mit dem Bogen zu arbeiten. Achten Sie also unbedingt auf sehr klare, einfache Beschreibungen der einzelnen Bereiche und kennzeichnen Sie die Bewertungsstufen idealerweise mit entsprechenden Symbolen, wie z. B. Smileys.

Beispiel für einen Selbstbewertungsbogen zur Mitarbeit

Name: Marvin Datum: 3.5.2017

Selbsteinschätzung meiner Mitarbeit im Fach: Ethik

Kreuze ehrlich an, wie du deine Leistung in den einzelnen Bereichen einschätzt.

	☺☺ immer	☺ meistens	☹ eher selten	☹☹ fast nie	So kann ich mich verbessern:
Im Unterricht passe ich auf und lasse mich nicht ablenken.		X			
Ich beginne unverzüglich zu arbeiten, wenn ich eine Aufgabe habe.		X			
Ich frage nach, wenn ich etwas nicht verstehe.		X			
Ich melde mich leise, wenn ich eine Antwort weiß.	X				
Meine Hausaufgaben erledige ich regelmäßig, sorgfältig und ordentlich.		X			
Ich habe mein Material für den Tag dabei.			X		abends Rucksack packen
Ich halte mich an unsere Regeln (z. B. kein Reinrufen, kein Unterbrechen).		X			

Meiner Meinung nach habe ich folgende Note verdient: ____________

Tipp aus der Praxis:

Wenn Sie einen Selbstbewertungsbogen entwerfen, achten Sie darauf, dass Sie den Schülern eine **gerade Anzahl von Bewertungsstufen** anbieten, sonst passiert es zu oft, dass sich die Schüler aus Unsicherheit häufig einfach „in der Mitte" einordnen, also weder als gut noch als schlecht. Bei einer geraden Anzahl an Abstufungen kann dies nicht passieren. Dort muss eine Entscheidung getroffen werden, ob sich der Schüler eher im guten oder eher im schlechten Leistungsbereich sieht – und diese Entscheidung kann bereits der Auslöser für eine Änderung des Lernverhaltens des Schülers sein.
Als **Gesamtanzahl für die Bewertungsstufen** hat sich **vier** bewährt; dies ermöglicht eine ausreichend differenzierte Einschätzung, überfordert die Schüler aber nicht.

Egal für welches Selbstbewertungsinstrument Sie sich entscheiden, ist es sinnvoll, dieses **regelmäßig einzusetzen**, damit die Schüler sich daran gewöhnen. Beim dritten oder vierten Mal fällt es Ihrer Klasse sicherlich schon viel leichter, ihre Kreuze auf der Bewertungsscheibe zu setzen. Führen Sie am besten mehrere Zeitpunkte ein, zu denen sich die Schüler selbst bewerten sollen. Sinnvoll sind hier die **Elternsprechtage**. So haben Sie für die Gespräche mit den Eltern nicht nur Ihre eigenen Notizen, sondern auch die Selbsteinschätzung der Schüler zur Hand und können beides besprechen und vergleichen.
Ein weiterer, gut geeigneter Zeitpunkt liegt **zu Beginn des zweiten Halbjahres**, am besten ca. 14 Tage nach den Zeugnissen, denn dann können Sie mit den Schülern noch einmal ganz individuelle Lern- und Verhaltenstipps besprechen, die eventuell für eine bessere Note und eine Versetzung notwendig sind.

Schüler bewerten Schüler: Schüler-Mitbewertungen

■ Was bringt die Schüler-Mitbewertung?

Wenn Sie einen Test oder eine Klassenarbeit zurückgeben, haben Sie sicher schon oft folgende Fragen gehört: „Zeig mal, was hast du? Wie viele Punkte hast du in der dritten Aufgabe bekommen? Warum hast du da 12 Punkte und ich nur 10?" – Das Vergleichen der eigenen Leistung mit der der Mitschüler gehört zum Schulalltag dazu. Machen Sie sich dieses Verhalten der Schüler zunutze und fügen Sie es in den normalen Lernprozess ein, denn die Erkenntnis „wie" und „was" der andere Schüler gemacht hat und wie diese Leistung in ein Bewertungsschema einzuordnen ist, kann nicht nur den **eigenen Lernfortschritt fördern**, sondern auch zu einer **Verbesserung des eigenen Lernverhaltens und des Selbsteinschätzungsvermögens** führen (vgl. auch Kapitel „Schüler bewerten sich selbst" ab S. 141). Die Schüler beobachten genauer, sie reflektieren ihre Beobachtungen besser und lernen daraus etwas für sich selbst. Grundsätzlich ist es so, dass Schüler sich ernst genommen fühlen, wenn sie eine typische Lehrertätigkeit, wie das Beurteilen, übernehmen dürfen. Es motiviert. Nutzen Sie diese **Motivation**! Ob und wie Sie diese Schülerbewertungen am Ende in Ihre eigenen Beurteilungen einfließen lassen, entscheiden im Endeffekt natürlich Sie. Doch selbst wenn Sie auch nur den Anschein erwecken, dass Sie die Schülerbewertungen ernstnehmen und berücksichtigen, haben Sie bereits den erwünschten positiven Effekt erreicht.

■ Mitbewertungsmöglichkeiten

Im Folgenden sind einige Situationen aufgelistet, in denen es sich anbietet, die Schüler in die Bewertung mit einzubeziehen:

- Mitarbeit in einer Gruppenarbeit (vgl. hierzu auch S. 118 ff. im Kapitel „Bewertung von eigenverantwortlichem Arbeiten")
- Ergebnis einer eigenverantwortlichen Arbeitsphase (z. B. ein Experiment in Biologie oder ein Referat)
- Präsentation einer Hausaufgabe (z. B. das Vorlesen eines Aufsatzes im Deutsch- oder Fremdsprachenunterricht)
- Vortrag eines Gedichts oder einer Spielszene

Bei Präsentationen und Referaten kann neben der fachlich-inhaltlichen Bewertung auch der engagierte Vortrag beobachtet werden, während beim letzten

Beispiel das Vortragen als solches im Mittelpunkt der Leistungsbewertung stehen sollte.
In jedem Fall ist es wichtig, dass Sie immer vorab **klare und möglichst kleinteilige Bewertungskriterien vorgeben** (oder mit den Schülern gemeinsam erarbeiten), um dann zu einer Gesamtbeurteilung zu kommen.
Als Hilfsmittel bietet sich ein **Mitbewertungsbogen** an, den die Schüler für Ihre Mitschüler ausfüllen. Auf der folgenden Seite finden Sie ein **Beispiel** für einen solchen Bogen für das Fach Deutsch, in Klasse 5/6 zum Thema „Reizwortgeschichten".

Tipps aus der Praxis:

- Wenn Sie viele verschiedene Leistungskriterien bewertet haben möchten, sind Schüler schnell überfordert. **Teilen Sie die Kriterien** dann lieber **unter den Schülern auf**, sodass immer mehrere Schüler für einen Bereich zuständig sind. So erhalten Sie eine ausgewogene und vollständige Bewertung durch die Schüler.
- **Lassen Sie einen Schüler immer von mehreren Mitschülern beobachten** und beurteilen – vermeiden Sie also 1:1-Situationen. Wenn mehrere Schüler beobachten, analysieren und bewerten, bekommen Sie einen ausgewogeneren und vollständigeren Überblick über die erbrachte Leistung des zu bewertenden Schülers.
- **Beschränken** Sie außerdem die **Bewertungsstufen** auf vier Niveaus (☺☺, ☺ , ☹, ☹☹). Das ist für die Schüler übersichtlicher (vgl. hierzu auch das Kapitel „Schüler bewerten sich selbst" ab S. 141).

Mitbewerten von Reizwortgeschichten

	Name des Mitschülers:				Name des Mitschülers:				Name des Mitschülers:			
	☺☺	☺	☹	☹☹	☺☺	☺	☹	☹☹	☺☺	☺	☹	☹☹
passende Überschrift												
Einleitung • Informationen zu wer/was/wann/wo?												
Hauptteil • treffende Adjektive												
• treffende Verben												
• aufbauende Spannung												
• logische Handlung												
Schluss • gelungen; rundet ab												
Sprache • lebendig geschrieben												
• alle Reizwörter da												
• Zeitform korrekt												
Bemerkung												

Schüler bewerten Lehrer und Unterricht

■ Ein heißes Thema?

Wer ist der Experte für Ihren eigenen Unterricht? Sie, na klar. Aber auch andere geben ihre Meinung ab und bewerten das, was sie sehen und erleben oder was sie über Ihren Unterricht und über Sie hören. Das sind die Kollegen, die Schulleitung, die Eltern und – natürlich – die Schüler. Dass wir mit Kollegen über Unterricht reden und uns auch mal den einen oder anderen Tipp holen, ist normal. Dass die Schulleitung in der einen oder anderen Situation einmal Gast in unserem Unterricht ist, ist selten, im Schulalltag aber auch nicht ganz unüblich. Dass Eltern aufgrund der Erzählungen ihrer Söhne und Töchter unseren Unterricht bewerten, können wir auch nicht verhindern. Aber sollen wir uns freiwillig mehr als nötig der Beurteilung durch die pubertierenden, oft anstrengenden und vorlauten, nicht selten auch respektlosen Jugendlichen in unserer Klasse ausliefern? – Ja, denn diese jungen Menschen, die uns manchmal den letzten Nerv rauben, sind mindestens genauso Experten für Unterricht wie Sie – sie erleben (oder ertragen) jeden Tag mehrere verschiedene Unterrichtsstunden bei ganz unterschiedlichen Lehrern und haben damit ausreichend Erfahrung, um zu sagen, was ihnen gefällt und was nicht. **Es lohnt sich** also durchaus, **ihnen zuzuhören und sie um Feedback zu bitten.**

Trotzdem sollten Sie es sich **gut überlegen**, ob Sie den Versuch wagen und den Schülern die Möglichkeit geben, eine Bewertung über Sie und/oder Ihren Unterricht abzugeben. Machen Sie sich darauf gefasst, dass auch Ergebnisse dabei herauskommen können, die Sie nicht vermutet haben und/oder die Sie nicht hören wollen. Es könnte auch sehr persönlich werden – hier müssen Sie sich allerdings vor Augen führen, dass nicht Sie als Person bewertet werden, sondern nur Sie als Lehrer. Es ist aber natürlich schwer, das auseinanderzuhalten – auch für die Schüler. Unter Umständen benötigen Sie hier also ein ziemlich „dickes Fell".
Auf der anderen Seite hält die Bewertung durch die Schüler auch eine **große Chance** bereit: Sie lernen die Bedürfnisse Ihrer Schützlinge besser kennen und erfahren, was die Schüler an Ihrem Unterricht nicht mögen – aber auch, was sie daran schätzen. Wenn Sie es danach schaffen, das Feedback gut umzusetzen und Ihren Unterricht zu optimieren, erleichtern Sie allen Beteiligten den Schulalltag, denn **zufriedene Schüler sind friedliche Schüler**.

Bewertungsmöglichkeiten

Wenn Sie sich entschließen, die Schülerbewertung vorzunehmen, haben Sie sich zu einem wichtigen Schritt entschieden. Sie sollten ihn **konsequent** bis zum Ende durchziehen, sonst verlieren Sie in den Augen der Schüler an Glaubwürdigkeit. Das bedeutet, Sie dürfen die Befragung der Schüler nicht nur durchführen und anschließend die Bemerkungen und Bewertungen der Schüler ignorieren. Stattdessen müssen Sie die Beurteilungen ernst nehmen und mit den Schülern darüber ins Gespräch kommen.

Das einfachste Instrument für eine Bewertung Ihres Unterrichts und Ihrer Lehrerperson ist ein **Beurteilungsbogen**, den jeder Schüler anonym ausfüllt. Auf der folgenden Seite finden Sie eine Vorlage für eben solch einen Bogen.

Tipp aus der Praxis:

Wenn Sie sich entschließen, die Schüler eine Bewertung Ihres Unterrichts und Ihrer Person als Lehrer vornehmen zu lassen, machen Sie dies zusammen in einem Beurteilungsbogen. Zum einen reicht es, sich einmal dieser Bewertung auszusetzen, zum anderen können Sie so viele Einzelaspekte auf einmal abfragen. Sie erhalten dadurch ein breit gefächertes Spektrum an Meinungen und Urteilen und können daraus einen guten Querschnitt bilden. So bekommen Sie fundierte Hinweise, die Sie für eine eigene Selbstevaluation heranziehen können.

Lesen Sie die Schülerbewertungen genau durch, markieren Sie einzelne, Ihnen besonders wichtig erscheinende Bewertungen und **besprechen Sie die Ergebnisse** mit den Schülern – und zwar **in der gesamten Klasse.** Die Schüler werden es Ihnen hoch anrechnen, dass Sie sich bei diesem heiklen Thema der gesamten Gruppe „aussetzen" und offen mit allen gemeinsam über das Feedback inklusive der negativen Kritik sprechen.
Und – ganz wichtig – versuchen Sie, die **Anregungen der Schüler wirklich anzunehmen.** Manchmal haben Schüler Recht und es tut dem Unterricht gut, wenn Sie deren Kritik aufnehmen und das ein oder andere umsetzen. Zwar werden auch immer wieder unrealistische Forderungen kommen, wie z. B. „Wir wollen keine Hausaufgaben mehr!", aber oft sind durchaus richtige und damit wichtige Anregungen und Verbesserungsvorschläge dabei. Lassen Sie sich darauf ein!

Beurteilungsbogen zur Bewertung von Lehrer und Unterricht durch die Schüler 1/2

Inwiefern treffen die Aussagen auf deinen Lehrer und seinen Unterricht zu?	völlig	meist	teilweise	gar nicht
Mein Lehrer behandelt uns alle gleich und bevorzugt niemanden.				
Bei meinem Lehrer ist mir klar, wie meine Noten zustande kommen.				
Mein Lehrer gibt weder zu viele noch zu wenige Hausaufgaben auf.				
Mein Lehrer überprüft regelmäßig die Hausaufgaben.				
Mein Lehrer ist streng.				
Mein Lehrer ist freundlich.				
Mein Lehrer erklärt gut.				
Mein Lehrer nimmt uns ernst.				
Bei meinem Lehrer habe ich keine Angst, Fragen zu stellen.				
Die Schrift meines Lehrers ist gut lesbar.				
Mein Lehrer sorgt im Unterricht für die nötige Ruhe und Disziplin.				
Mein Lehrer kümmert sich um Konflikte zwischen uns Schülern und versucht sie zu lösen.				
Mein Lehrer achtet darauf, dass die vereinbarten Regeln eingehalten werden.				
Mein Lehrer korrigiert Fehler von uns Schülern sachlich und angemessen.				
Mein Lehrer kennt sich in seinem Fachgebiet gut aus.				
Klassenarbeiten und Tests werden rechtzeitig angekündigt.				
Auf Klassenarbeiten und andere Prüfungen werde ich im Unterricht gut vorbereitet.				
Die Noten, die ich bekomme, entsprechen meinen Leistungen.				

Beurteilungsbogen zur Bewertung von Lehrer und Unterricht durch die Schüler 2/2

Ich wünsche mir, dass wir unseren Lehrer auch im nächsten Jahr behalten.				
Ich finde den Unterricht interessant und abwechslungsreich.				
In diesem Unterricht erarbeiten wir uns viel Wissen selbstständig.				
Der Unterricht ist vom Lehrer gut vorbereitet.				
Der Unterricht wird straff durchgeführt.				
Wir wiederholen und üben genügend im Unterricht.				
In diesem Unterricht lerne ich viel.				
Der Unterricht bei meinem Lehrer macht Spaß.				
Wenn ich Fehler mache oder mich schlecht benehme, werde ich ermahnt aber nicht vor der ganzen Klasse beschimpft oder lächerlich gemacht.				
Wenn mich etwas stört, so kann ich das offen sagen, ohne dass ich Nachteile befürchten muss.				
Schülermeinungen werden ernst genommen.				
Was wir im Unterricht lernen, ist nicht nur für die Schule wichtig.				
Die Hausaufgaben kann ich meist allein und ohne Hilfe erledigen.				

Folgende Tipps und Anregungen möchte ich meinem Lehrer geben:

____

____

____

Mein Lehrer bekommt von mir die Gesamtnote: ______________

Ich bin ein Junge ☐ / ein Mädchen ☐

Kopfnoten

■ Was sind Kopfnoten und wo gibt es sie noch?

Kopfnoten sind Noten, die in den 1960er- und 1970er-Jahren die obersten Noten eines Zeugnisses waren, die also im Zeugniskopf standen. Sie waren keine reine Bewertung von Leistungen, die mit schriftlichen Überprüfungen oder Tests abgefragt werden konnten, sondern gaben eine **Einschätzung des Verhaltens** der Schüler wieder. So gab es bspw. in Nordrhein-Westfalen u. a. Noten für „Häuslichen Fleiß" und „Ordnung" oder in Baden-Württemberg und Rheinland-Pfalz für „Mitarbeit" und „Betragen". Diese Bezeichnungen lassen bereits erahnen, dass es stets schwierig war, diese Noten zu vergeben, sie transparent und nachvollziehbar zu machen und objektiv zu begründen. Schließlich hat jeder eine andere Vorstellung davon, was Fleiß, Ordnung oder Betragen des Schülers angeht.

Deshalb wurden die Kopfnoten bald wieder abgeschafft – dann aber im Zuge der Wiedervereinigung von BRD und DDR im Jahr 1990 wieder eingeführt, denn in der DDR hatten Kopfnoten eine lange Tradition. Über Sinn und Unsinn von Kopfnoten wurde anschließend mehrere Jahre auf allen beteiligten Ebenen trefflich gestritten. Die gesetzlichen Grundlagen in den einzelnen Bundesländern wurden erst festgelegt, um dann nach Protesten wieder geändert zu werden. Nach langem Hin und Her wurden die Kopfnoten dann jedoch in den meisten Bundesländern endgültig abgeschafft, sodass es das Konzept **heute nur noch in Niedersachsen und Hessen** gibt (hier wird eine Kopfnote für „Arbeits- und Sozialverhalten" vergeben) **sowie in Sachsen** (hier werden immer noch vier Kopfnoten vergeben, nämlich für „Betragen", „Mitarbeit", „Fleiß" und „Ordnung").

■ Bewertungsmöglichkeiten

Die Bewertung im Bereich der Kopfnoten resultiert aus der **Beobachtung** des Schülers über den Zeitraum eines halben Jahres und der anschließenden **Diskussion mit den Kollegen in der Klassenkonferenz** zur Festlegung der Zeugnisnote. Für Ihre eigenen Beobachtungen und Einschätzungen wären konkrete Vorgaben oder Kriterien zu den doch sehr schwammigen Bereichen wünschenswert, allerdings sucht man diese in den Schulgesetzen vergebens. Insbesondere die **gesetzlichen Regelungen** in Hessen und Niedersachsen bleiben zum Thema Kopfnoten äußerst dünn – hier als Beispiel der entsprechende Auszug aus dem hessischen Schulgesetz:

Schulgesetz für das Land Hessen (HSchG)

vom 14. Juni 2005
zuletzt geändert durch Gesetz vom 24. März 2015[29]

§ 73 Bewertung der Leistungen und des Arbeits- und Sozialverhaltens

(3) Zuständig für die Bewertung einzelner Schülerleistungen und für die Gesamtbewertung der im Beurteilungszeitraum erbrachten Leistungen sind auch bei inklusiver Beschulung die Lehrerinnen und Lehrer, die die Schülerin oder den Schüler in dem jeweiligen Fach zuletzt unterrichtet haben. Die Beurteilung des Arbeits- und Sozialverhaltens für den Beurteilungszeitraum erfolgt durch die Klassenkonferenz.

Um eine bessere Grundlage für Ihre Bewertungen im Bereich der Kopfnoten zu erhalten, informieren Sie sich in Hessen und Niedersachsen bitte unbedingt, ob es eventuell **Verwaltungsvorschriften** des Schulministeriums gibt, die in einer amtlichen Sammlung veröffentlicht worden sind, und ob Sie **Schulvorschriften,** beachten müssen, die eventuell sogar von der Schulkonferenz abgesegnet worden sind.

Das Land Sachsen definiert die Kopfnoten ausführlicher und ergänzt auch Hinweise zu deren Bewertung. So ist hier Folgendes vermerkt:

[29] Quelle: Hessisches Kultusministerium, *www.rv.hessenrecht.hessen.de/lexsoft/default/hessenrecht_rv.html?p1=0&eventSubmit_doNavigate=searchInSubtreeTOC&showdoccase=1&doc.hl=0&doc.id=jlr-SchulGHE2005rahmen&doc.part=R&toc.poskey=#docid:169561,76,20110801*

Schulordnung Mittel- und Abendmittelschulen im Freistaat Sachsen (Schulordnung Mittel- und Abendmittelschulen – SOMIA)

vom 11. Juli 2011

zuletzt geändert durch Verordnung vom 15. Februar 2017[30]

§ 23 Bewertung von Leistungen, Betragen, Mitarbeit, Fleiß und Ordnung

(7) Weiterhin werden Betragen, Fleiß, Mitarbeit und Ordnung des Schülers benotet.
1. Betragen umfasst Aufmerksamkeit, Hilfsbereitschaft, Zivilcourage und angemessenen Umgang mit Konflikten, Rücksichtnahme, Toleranz und Gemeinsinn sowie Selbsteinschätzung.
2. Fleiß umfasst Lernbereitschaft, Zielstrebigkeit, Ausdauer und Regelmäßigkeit beim Erfüllen von Aufgaben.
3. Mitarbeit umfasst Initiative, Kooperationsbereitschaft und Teamfähigkeit, Beteiligung am Unterricht, Selbstständigkeit, Kreativität sowie Verantwortungsbereitschaft.
4. Ordnung umfasst Sorgfalt, Pünktlichkeit, Zuverlässigkeit, Einhalten von Regeln und Absprachen sowie Bereithalten notwendiger Unterrichtsmaterialien.

(8) Betragen, Fleiß, Mitarbeit und Ordnung des Schülers werden mit folgenden Noten bewertet:
1. „sehr gut" (1), wenn Betragen, Fleiß, Mitarbeit oder Ordnung des Schülers vorbildlich ausgeprägt ist;
2. „gut" (2), wenn Betragen, Fleiß, Mitarbeit oder Ordnung des Schülers stark ausgeprägt ist;
3. „befriedigend" (3), wenn Betragen, Fleiß, Mitarbeit oder Ordnung des Schülers durchschnittlich ausgeprägt ist;
4. „ausreichend" (4), wenn Betragen, Fleiß, Mitarbeit oder Ordnung des Schülers schwach ausgeprägt ist;
5. „mangelhaft" (5), wenn Betragen, Fleiß, Mitarbeit oder Ordnung des Schülers unzureichend ausgeprägt ist.

---

[30] Quelle: Sächsisches Staatsministerium für Kultus und Sport, *www.revosax.sachsen.de/vorschrift/12053-Schulordnung_Mittel__und_Abendmittelschulen#abs5*

Dabei sind gesundheitliche Beeinträchtigungen des Schülers zu berücksichtigen. Verbale Einschätzungen ergänzen diese Bewertungen auf dem Jahreszeugnis. Sie müssen dem Ziel einer ermutigenden Erziehung dienen und Informationen für die Förderung des Schülers beinhalten.

Hier haben Sie also genauere Vorgaben für Ihre Bewertungen, allerdings ist auch hier der Spielraum groß. Daher ist es auch an sächsischen Schulen üblich, auf gesonderte Verordnungen bzw. schulinterne Vorgaben zurückzugreifen. Erkundigen Sie sich also auch in diesem Bundesland unbedingt in Ihrer Fachschaft bzw. bei der Schulleitung, welche Regelungen an Ihrer Schule gelten.

Internet

Seiten der Kultusministerien, Schulministerien, Schulportale der Bundesländer etc.

- Baden-Württemberg: *http://km-bw.de/,Lde/Startseite/Schule*
- Bayern: *www.km.bayern.de*
- Berlin: *www.berlin.de/sen/bildung/*
- Brandenburg: *www.mbjs.brandenburg.de*
- Bremen: *www.bildung.bremen.de/bildung-1464*
- Hamburg: *www.hamburg.de/bsb/bsb-struktur/*
- Hessen: *https://kultusministerium.hessen.de//*
- Mecklenburg-Vorpommern: */www.regierung-mv.de/Landesregierung/bm Bildung/Schule/*
- Niedersachsen: *www.schure.de/theme/sr3000.htm*
- Nordrhein-Westfalen: *www.schulministerium.nrw.de*
- Rheinland-Pfalz: *mbwwk.rlp.de/de/themen/bildung/*
- Saarland: *www.saarland.de/bildungsserver.htm*
- Sachsen: *www.schule.sachsen.de*
- Sachsen-Anhalt: *www.mk.sachsen-anhalt.de/kultusministerium/*
- Schleswig-Holstein: *www.schleswig-holstein.de/DE/ Landesregierung*
- Thüringen: *www.schulportal-thueringen.de*

Seiten zum Erstellen von Aufgabenblättern

→ für Klassenarbeiten, Tests, Lernzielkontrollen etc. – Achtung: teilweise kostenpflichtig!

- Arbeitsblätter: *www.zarb.de/index.php*
- Kreuzworträtsel-Generator: *www.xwords-generator.de/de*
- Lückentexte: *www.goethe.de/lhr/prj/usg/deindex.htm*
- Ideen und Blanko-Vorlagen: *vs-material.wegerer.at/inhalt01.html*
- „Wer wird Millionär?"-Generator: *www.lehrer-online.de/quillionaer.php*
  www.mediator-programme.de/ quiz/quillionaerneu.htm

Seiten für fertige Klassenarbeiten, Referate, Hausaufgaben

- *www.klassenarbeiten.de*
- *www.referate.de*
- *www.fundus.org*
- *www.pausenhof.de*
- *www.e-hausaufgaben.de*

Literatur

Wencke Adler, Johannes Greving u. a.:
Praxis-Ratgeber Schule. 99 Tipps:
Schüler gerecht bewerten.
Cornelsen 2009
ISBN 978-3-589-22820-1

Johannes Greving:
Praxisbuch: Leistungsmessung und -bewertung.
Cornelsen Scriptor 2014
ISBN 978-3-589-23322-9

Thorsten Lerche:
Grundwissen Lehrerbildung. Leistung messen:
Praxisorientierung, Fallbeispiele, Reflexionsaufgaben.
Cornelsen 2014
ISBN 978-3-589-16286-4

Frank-Josef Scheidhammer:
So geht das: Aufsatzkorrekturen fair und transparent.
Checklisten und Beurteilungshilfen.
Verlag an der Ruhr 2008
ISBN 978-3-8346-0328-9